友尽

探索现代友谊的潜能与边界

[加]艾琳·法尔科纳——著
Erin Falconer
杨曦——译

How To
Break Up With Your Friends?

中国出版集团
中译出版社

图书在版编目（CIP）数据

友尽 /（加）艾琳·法尔科纳著；杨曦译. -- 北京：中译出版社，2023.6
书名原文：How to Break Up with Your Friends
ISBN 978-7-5001-7342-7

Ⅰ.①友… Ⅱ.①艾… ②杨… Ⅲ.①女性—友谊—通俗读物 Ⅳ.①B824.2-49

中国版本图书馆CIP数据核字（2023）第042172号

著作权合同登记号：图字01-2022-2395号

Copyright © 2022 by Erin Falconer
Published in arrangement with The Fielding Agency, LLC through The Grayhawk Agency Ltd.
Simplified Chinese translation copyright © 2023 by China Translation & Publishing House
ALL RIGHTS RESERVED

友尽
YOU JIN

出版发行：	中译出版社
地　　址：	北京市西城区新街口外大街28号普天德胜大厦主楼4层
电　　话：	010-68359719
邮　　编：	100088
电子邮箱：	book@ctph.com.cn
网　　址：	www.ctph.com.cn

策划编辑：	刘香玲　张　旭
责任编辑：	刘香玲　张　旭
文字编辑：	赵浠彤
营销编辑：	刘子嘉
版权支持：	马燕琦　王立萌　王少甫
排　　版：	北京竹页文化传媒有限公司
印　　刷：	河北宝昌佳彩印刷有限公司
经　　销：	新华书店
规　　格：	880毫米×1230毫米　1/32
印　　张：	8.25
字　　数：	161千字
版　　次：	2023年6月第1版
印　　次：	2023年6月第1次

ISBN 978-7-5001-7342-7　定价：59.00元

版权所有　侵权必究
中译出版社

致所有
我爱过的女孩

> 有些人去找牧师；
> 有些人去找诗歌；而我去找朋友。
>
> ——弗吉尼亚·伍尔芙（Virginia Woolf）

前　言

当你从书架上拿出本书时，你一定觉得自己很混账。

当你买下它的时候，你会觉得自己更混账了。

但你瞧后，一下子就对它产生了兴趣。

我起这个书名其实是为了引人注目，而不是因为我想让大家都大刀阔斧地删减联系人。我认为，在这个纷乱繁杂的世界里，慎重地决定你的生活中要删去谁固然重要，但也要清楚地知道你留下了谁，明白如何让双方在友谊中变成更好的人。现如今，已不会有人去书店搜寻关于"如何成为更好的朋友"的书了。

而这正是问题所在。

长久以来，我们都接受了平庸的自己和平淡的友谊。其实，友谊有一种无与伦比的力量，能够给予我们动力、带给我们快乐、创造真正的价值。友谊对女性的影响极大。尽管我们拥有庞大的朋友圈并引以为傲，但是我认为，我们自身正是造成平庸的罪魁祸首。我们不敢说出真正的意愿和需求，不敢打破现状。结果，我们在友谊中的付出常常多于收获。现如今，我们的时间大量地被社交媒体占用（推送的内容总是称心如意，对吧？），可是我们却忽视了现实生活中自己身边的人。为什么我们总是那么疲惫和沮丧？咱们就从这儿聊起吧。

女性友谊本是一种复杂且重要的人际关系，一些陈词滥调却将其简单化了。其中最糟的观点认为，在所有的女性友谊中都存在竞争关系——我们总是在为男人、工作或别的朋友而争吵。除了这种"坏女孩"的套路，还有一类截然相反的观点认为，女性友谊是甜蜜的温泉之旅——从来不存在什么紧张或冲突。在这个时代，每位女性个体和整个女性群体都具有巨大的潜力。社会正义运动揭示了一个道理：人在相互支持时最为强大。为了激发出这种潜力，我们必须建立稳固的朋友圈。这不只涉及讨人喜欢，还涉及真正的责任。有时候，这种责任意味着放弃一些发挥不了作用的友情。这些友情当然有过价值，而且应当受到尊重，但如果你经过深思熟虑，决定断绝关系，那你也不必愧疚一辈子。

在筹备本书时，我发现在许许多多的"历史遗留"友谊中，一方已经不记得自己喜欢过另一方的哪一点。对他们来说，维系友谊似乎只是为了讨人喜欢，又或是为了不被人厌弃。这样的友谊要么即将走到尽头，要么就是从根本上出了错。友谊的目的永远不应该是讨人喜欢（或是不被厌弃），而应该是在朋友面前展示真实的自我，妥善处理人际关系并承担相应的责任。这些才是更有意义的目的。然而，这么做需要勇气，还需要付出更多的努力，因此便不难理解为什么我们在友谊中往往选择默认的"出厂设置"，以及为什么有些本该是最重要的友谊也渐渐变得疏远。因为这些友谊在索取能量，而非给予能量。

我本身的人际关系就很复杂。2005年，我的至交好友乔斯琳（Jocelyn）猝然离世，这使我悲痛欲绝。之后发生的很多事情我都模糊不清了，但有一件事清楚无比：我的心好像破了个洞，留下了一个永远也无法愈合的伤口。那时，其他朋友给予了我极大的关怀和帮助。可要熬过那段艰难的时光，我只有一个办法，那就是麻痹自己，并且接受幸福已离我而去的事实。虽然我仍会感到开心，仍会感到激动，但幸福已不复存在。这个办法一直奏效，我也不觉得有什么问题，直到我发现自己的状态有些古怪和骇人——其实是整个世界都变成了这个样子。即使在不久前，如果有人问我是个怎样的朋友，我都会说："我觉得自己是一个挺不错的朋友。"作为朋友，我能够随叫随到；我善于倾听并且会给出中肯的建议；我风趣幽默、敢作敢当、直言不讳。然而，世界上发生了一件大事，其带给我的刺激不亚于乔斯琳的离世——新冠肺炎疫情①席卷了全球，导致数百万人被感染、数十万人死亡，居家隔离持续了数月之久。或许只有经历过这样的大风大浪，我才会明白友谊的真谛，认识到这么多年的自我麻痹让我失去了什么。

在隔离期间，我瞪着一份"Zoom 快乐时光"②的线上聚会邀请，忽然有所感悟。聚会的发起人（即我的友人）和我有好几个月没见过面了，因此很想与我连线，可为什么我会感到恼火呢？在过去的几个月里，我时常像这样生别人的气；但在这一刻，我开始反思与总结。随着不断回顾，我意识到自己真的很想念某些朋友，渴望见到他们，和他们坐在一起聊天。回想起生命中的每一段友情，我不由得划分出了界限：对于一部分人，我根本不想念也不想见；而对于另一部分人，我却很是想念。由于居家隔离，我被迫过上了与朋友分离的日子，虽然我因此感到痛苦和烦躁，坦白地说还有些害怕，但也得到了一次审视生命中那些重要的人的机会，思考友谊对我（以及对他们）的影响。我为什么现在才这样做呢？在此之前，我怎么就不假思索地为友谊投入了大量的宝贵时间呢？

---

① 中国国家卫生健康委于 2022 年 12 月 28 日宣布，将新型冠状病毒肺炎更名为新型冠状病毒感染。本书中的相关表述均与原英文保持一致。——译者注

② Zoom 为一款云视频会议软件，"快乐时光"原指下班后在酒吧的休闲聚会。——译者注

我现在就来说说。

当时的我意识到了两个方面：第一，在我所经历的各种友谊中存在着巨大的价值差异，此前我却没有仔细思考过，而其中有些关系已经持续几十年了。而更重要的一点是，因为自我麻痹，我并没有成为一个真正的好朋友，尽管从表面上看恰恰相反。在试图减少痛苦、降低期待的时候，我完全抹除了自己的脆弱性。我的情况不是个例。我们所在的社会将所有形式的脆弱都判定为软弱（而不是接受"只有脆弱才会带来真正的强大"这个道理）。那么也就不难理解，为什么我和整个社会似乎都放弃了真正的友谊的力量，不再追求完整的人生体验，转而使用更为稳妥的、仅限140字的交流方式。因为当你真的开始审视友谊时，你必须要先审视自己——你究竟是谁，你到底想要什么，你的价值是什么。现如今，对于深刻的自我反思以及与自己的亲密相处，我们唯恐避之不及，那我们怎么可能成为真正优秀的朋友呢？

尽管审视友谊要付出大量的努力，但其也蕴藏着无价之宝。

友谊让你活得更长久（这是有科学依据的）；活得更充实；更具重要感和影响力；接收到更多的爱；心存更多的爱；更受尊重，有更多的听众。你的感受将更加丰富，仅这点就不错吧？享受更多的乐趣；创造更多的回忆。只要你能抛弃自己的漠不关心和谨慎行事，去追求友谊中有意义的真实联系,这份列表将无穷无尽。因此,我决定试一试,就从审视那份因"Zoom 快乐时光"而引发不快的友谊开始。

我发现,尽管我们表面上还是好朋友,但其实已经不再是了。我不确定这样是否说得通;但是当我读完她的快乐时光邀请信,从屏幕上看到她的名字时,我顿时就感到既沮丧又内疚。深入思考之后,我意识到这种感觉已经存在一段时间了,我只是一直在压抑它。我俩怎么到了这个地步?只是我的问题吗?还是说她也有问题?我发现自己已经应付这份友谊很久很久了。而且,即便她没有应付,她也绝不可能认为我们的关系是令人满意的。

这一切是从何时开始的,我心中有准确的答案(好几年前就开始了)。我住在洛杉矶,有些朋友的家离我很远——也许不是数英里之远,但考虑到交通因素,我可能要痛苦地开上一个多小时的车才能见到他们。我有一个特别好的朋友住在城市的另一端,我俩要历尽艰辛才能见上一面。我留意到,每当我们约定在我家这边见面时,她总是"突然有事",见面的计划通常就不了了之。我记得我和我俩共同的朋友反复详述了当时的怒火。我俩共同的朋友同意我的观点,并表示自己也是他人看似自私的行为的受害者。可奇怪的是,我从来没有直接跟这位朋友提起过这件事。每当我开车去见她时,我发现自己会越来越烦躁,因此我渐渐地减少了和她见面的次数,但她还是一直在约我见面。仅这件事而言,未必会出大问题——如今以一个局外人的角度来看，这件事似乎也很好处理和解决。但当时的我没有行动起来。于是，我对于开车时间的怒火逐渐蔓延到了这份友谊的方方面面。我逐渐意识到，尽管我俩都对外宣称是彼此最好的朋友，但我们根本不是真正的朋友。

虽然我有很多疑问，但是我能肯定，这份友谊让我感到沮丧和恼火，而不是感到滋养和支持。会不会这只是一段走到了尽头的"历史遗留"友谊，我俩只是坚持了太久不肯放弃？还是说这段友谊沦为了时代的牺牲品？我们的日程安排过分紧凑，生活非常忙碌，处理事务的优先次序也出现了混乱，导致很多可以说的话没有说出口，很多可以解决的问题悬而未决。在这种情况下，我们是不是将真正的友谊这种曾经美好的关系变成了一个白眼就草草了事的关系？把曾经的巨大能量来源变成了巨型能量索取者？

此外，隔离期间还出了一件大事：美国又发生了一起令人发指的、针对黑人的暴力谋杀事件——乔治·弗洛伊德（George Floyd）被杀害。这件事使美国民众的愤怒和痛苦之情喷涌而出。和平的抗议活动持续了数周，一些抗议活动受到了暴力分子的干扰，我们也不断地构建、反思并且重新审视自己的价值观和行为模式。这次事件对各类人际关系的影响不可估量。所有人都必须诚实地面对一点：在维护一个把某些人置于另一些人之上的体系的过程中，我们自己曾经扮演并且正在扮演什么样的角色。回顾总结自己对系统性种族主义的促成作用是很有必要的。但当审视自己生活中的人际关系时，我们就会感到特别痛苦。我们到底是如何对待他人的？对于那些与自己不同的人，我们是否表现得乐于接受？还是说，对于挑战自己权威的人，我们就随意而自恋地疏远了对方？在自己过去的观念和行为中，我们能否发现问题并为之负责？正如本书将探讨的那样，在交际圈里必须要有各种各样的朋友。但是，在做到这一点的过程中，如何才能尊重他人、真诚待人，而不是去给我们本想克服的问题煽风点火？在本书中，我会继续阐述这些想法的重要性。显然，不管有多困难，我们都必须找到出路。这条道路就是诚挚地建立起反映我们自己深层价值观的友谊。

在上述问题的推动下，我审视了自己的每一段友谊——这些朋友占据了我大量的空间（我也占据了他们的空间）。最让我震惊的大概是自己以前从未想过要这样做。我写过一本书，在书中详细地介绍了如何批判性地分析自己利用时间的方式。有的饮食规划会让你记录自己吃的所有东西，以便更好地掌握你的饮食情况。那么，我们为何不去更加务实地看待最亲近的人呢？如果我们这样做了，付出了努力，制订了计划，会怎么样呢？如果此时再回首，也许我们会发现自己的生活变得更加丰富多彩、更加有意义了。

我就这样做了，而我的生活也因此得到了改变。在本书中，我开始尝试把所有的知识压缩到一些大的类别里，相信这些类别能够解释和说明一段优秀的友谊是什么样的，包括其意义、重要性、做法和惯例。由于个体的不同，人际关系也是如此，其中有各种细微的差别，无法一概而论。我不会骗你说有什么放之四海而皆准的方法，但我认为有一些观点和做法确实能够帮助你构建自己的世界，并且构建这个世界里最重要的一个方面——友谊，进而创造出真正有意义的人生。

通过本书，你将：

（1）学会分析自己生活中有哪些人，他们扮演了怎样的角色，以及目前这些关系对你（和他们）是否有益。

（2）学会尊重自己、爱自己、善待自己，这样你就能以此为模板来处理当前的以及未来的所有人际关系。

（3）看清自己在每段关系中的角色和期望分别是什么，这样你就能明白自己需要在某时提供给某人多少时间和情感能量。

（4）明白促成好的友谊的重要性，了解真正健康的、有意义的关系是什么样子的。

（5）明白自己目前对友谊的看法既是建立在自己最初的友谊的基础上，也是基于你现在是什么样的人。

（6）学习"破裂和修复"在每段关系中的关键价值，并且不再害怕建设性冲突。

（7）学会增进现有的、真正重要的友谊，并且针对那些不重要的友谊开展艰难的对话。

（8）全面、深入地了解自己是谁、性格如何，这样你就能建立友人档案，在未来结识新的朋友。

当初你拿起这本书，是因为你想要也需要知道如何摆脱那些对自己再无益处的友谊。本书也肯定会讲到如何与朋友绝交，但在你有能力思考绝交这个问题之前，你必须先了解现代友谊那惊人的重要性，并且学会做一个真正的好朋友。

毋庸置疑，没有谁能取代我那位已逝的至交好友。她真的是万里挑一之人。不过，我是否还会有别的绝佳友谊，并从中得到力量与爱，甚或是幸福？如果我们愿意付出努力，说出自己的需求，并且做一个诚实、负责且脆弱的人，那么我们就有能力收获只为真正的友谊准备的无价之宝。

那么，让我们开始吧。

目录 CONTENTS

001	第一章	其实，你知道自己需要朋友
019	第二章	做自己的至交
041	第三章	人生最初的友谊
061	第四章	良好友谊的标志
091	第五章	多多不益善
107	第六章	形形色色的友谊
135	第七章	友谊诊断
163	第八章	成为更好的朋友
191	第九章	友尽"指南"
219	第十章	新的开始
237	结语	
243	致谢	

第一章

其实,你知道自己需要朋友

<u>交友的最佳时机是在你需要朋友之前。</u>

——埃塞尔·巴里摩尔（Ethel Barrymore）①

友谊一直是人类生存和进化的关键所在。当然，要是没有家庭的联系，人类这个物种就不会延续下来；但要是没有家庭以外的社会联系，人类就不可能发展出现在这个复杂的社会。在各种对于人际关系的分析、研究、观察和支持之中，家庭和恋爱往往最受瞩目。然而，除非你有多达17位的兄弟姐妹，以至于真人秀节目都请你们一起出镜，否则绝大部分人的朋友会多过他们的恋人和直系亲属。或许正是因为我们的朋友太多、太杂了，友谊才如此难以捉摸。

我们渴望与他人接触，这是人类的天性。群居提高了人类的生存概率。在远古时代，人类会给彼此梳理毛发（现在

---

① 美国著名戏剧及电影演员，曾获第17届奥斯卡金像奖最佳女配角奖。——译者注

的父母仍会为孩子梳理头发），而这种联系会让他们体内的内啡肽飙升，获得好心情。在意识到这一点之前，我们的身体和大脑就已经告诉了我们：与他人相处的感觉很好、很安全。从以狩猎采集为生的小型游牧部落，到更大型的农业村落，再到更稳固的工业社会的演化过程中，人类的身体和大脑一直都会因人际联系而分泌大量的内啡肽。有朋友的时候，我们就会觉得很好、很快乐。牛津大学的学者罗宾·邓巴（Robin Dunbar）因其关于友谊的研究而闻名。他推断，人类在进化中发展出了语言和八卦，这种联系手段比实际接触的范围更广。邓巴说道："在人类进化的过程中，我们一直想要发展出更大的群体来应对世界抛出的挑战，因此我们需要增加一种机制来打破群体规模的透明天花板。"聊八卦使人类能够同时帮好几个人"梳理毛发"。八卦还有助于合作和谈判，让我们在生活中取得成功。

　　此外，朋友和亲密关系会让生活变得有意义。朋友不仅能帮助我们活下去，而且正如下文所说，他们还能够帮助我们创造生活的意义。在《生活的意义：用文字和图片解答我们为何存在于此》（The Meaning of Life: Reflections in Words and Pictures on Why We Are Here）一书中，普利策奖得主安妮·迪拉德（Annie Dillard）这样回答生命的意义：

　　　　我们存在于此是为了见证世界，也是为了帮助世界。

我们存在于此是为了关注每个事物,这样每个事物都得到了关注。我们一起关注每座山的影子,关注沙滩上的每块石头,并且格外关注彼此的美丽面孔和复杂性格。我们存在于此是为了意识到周围的美与力量,为了赞扬陪伴我们的人。我们见证自己的世代和时代。我们观察天气。如若不然,世界就没了观众。

朋友让你更健康

朋友不是对你的健康毫无益处。

2016年,在一项研究综述中,北卡罗来纳大学教堂山分校的社会学家杨·克莱尔·杨(Yang Claire Yang)发现,人的社会融合程度越高,出现健康问题的风险就越低。

在20世纪90年代末,谢尔顿·科恩(Sheldon Cohen)研究了多样化的大型社交圈对人患感冒的概率的影响。200多名健康的受试者接受了一剂鼻病毒的注射。结果发现,一个人的社交网络越大、越多样,他对普通感冒的敏感性就越低,排出的病毒也就越少。

瑞典的一项大型研究发现,如果一个人拥有很少的社会关系,那么他死于心血管疾病的风险会增加50%。此外,对于心脏病患者来说,朋友有助于他们的康复。《美国心脏协会杂志》(Journal of the American Heart Association)发表的一项研究表明，那些有坚实社会支持的患者会取得更好的治疗效果，也会出现更少的抑郁症状。

换句话说，你的社会关系对你的健康和寿命有很大的影响，这种影响力与吸烟相当，甚至会超过吸烟。巴拉克·奥巴马（Barack Obama）政府时期的美国公共卫生局局长维韦克·穆尔蒂（Vivek Murthy）最近出版了一本书——《在一起：人际关系在一个有时孤独的世界中的治愈之力》（Together: The Healing Power of Human Connection in a Sometimes Lonely World）。他希望大家能用看待饥饿和口渴的方式来看待孤独。孤独是一种信号，提醒我们有问题需要解决。穆尔蒂在书中说道："短期来看，身体对孤独的反应可能是非常有益的，但假如孤独造成的压力状态长期化的话，身体就会受损。"而且，其影响之坏，可能与肥胖或吸烟相当。

朋友让你的寿命更长久、生活更美好

在芝加哥的西北大学，神经学家艾米丽·罗加尔斯基（Emily Rogalski）主导了一项关于"超级老人"的研究。超级老人是指年龄在80岁及以上，认知能力与中年人相当的人群。罗加尔斯基发现，他们的身体和思维仍然很活跃。同时，他们在社交上也表现得十分活跃。研究认为，牢固的社会联系可以保护老人的大脑。超级老人拥有更厚的大脑皮质，能够抵抗老年脑萎缩；也会拥有更大的左前扣带回皮质（大脑上的这个部位对工作记忆和注意力很重要）。罗加尔斯基说："在感受到怜悯、共情、爱意和友情时，我们会释放出不同的神经递质。"该项研究的许多参与者表示自己拥有温暖的、可信赖的友谊。

迪安·奥尼什（Dean Ornish）研究过"蓝区"居民的习惯。蓝区指的是居民慢性病发病率低、寿命比其他地方都长的地理区域。奥尼什说："我们与所爱之人共处的时间是决定我们寿命和生活质量的最重要的决定因素。"

这对女性来说尤为重要，毕竟女性通常比男性多活6—8年。

孤独感大流行

我曾同时经营"丽芙视频"（LEAFtv）网站和"请教专家"（Pick The Brain）博客这两家公司。当时，我几乎没有空闲时间。我觉得自己白天一直在奔波，努力为"丽芙视频"网站制作内容；回到家之后又要挑灯夜战，经营"请教专家"博客。"丽芙视频"网站的一个主要业务是建立人脉。在那些不在家的夜晚，我大多是外出参加工作活动了。显然，当时的我已是筋疲力尽。我会不假思索地取消与朋友的聚会，或是在他们提出取消时感到如释重负。我认为这类活动是多余的,或者说是"锦上添花"的,而非"必不可少"的。和朋友见面之后,我会觉得更累,第二天的状态也可能会受影响,我并没有从中获得能量。此外,由于我总是用工作当借口来逃避见面,工作也就成了我和朋友谈论的主要话题。因此,即便我和朋友见上了面,谈话的主题也一定会是我为什么如此疲惫。回顾自己生命中的那段时光,我觉得,当初要是没有忙不迭地削减与朋友相处的时间,就算我日夜忙碌不停,和朋友共度的时光也可以大大地缓解我濒临超负荷的劳累和日益加重的孤独感。

虽然有充分的证据表明,好的友谊对人好处多多,但我们仍然将友谊视为一种奢侈品。假如你在接下来的一个月里会很忙碌——要完成一门课程,要赶一份重要工作的最后期限,或是要规划婚礼,那么在你的日程表上,首先被删去的安排很可能就是和闺蜜的快乐时光。与工作压力或家庭义务相比,这种约会似乎没有存在的必要。于是,我们取消了咖啡聊天会、周末聚会、叙旧电话,因为这些对我们而言不过又是一项任务。然而,我们正为此付出代价。

最近,全球健康服务公司——信诺(Cigna)的一项研究显示,近一半的美国人感到孤独,五分之二的美国人认为自己的人际关系没有意义。这两个结果都超过了前一年的数据。我们是孤独的。

《友谊即事业:在倾注了最多时间的场合中充分利用

人际关系》(The Business of Friendship: Making the Most of Our Relationships Where We Spend Most of Our Time)一书的作者莎思塔·尼尔森(Shasta Nelson)说过:"孤独感的核心是觉得没有人了解自己。或许你有许多亲密的朋友,但如果他们都不了解真实的你,那么你就会感到孤独。孤独感就是得不到关注与支持的感觉。"

要感受到与朋友之间的联系,脆弱性是一个关键因素。如果你想和某人成为好朋友,那你就得展现自己的不完美之处,同时要接受他们的不完美。在社交媒体时代,这一点尤为重要。照片墙(Instagram)、脸书(Facebook)、抖音(TikTok)这类软件都在鼓励我们美化自己的生活。你会上传假期的精彩瞬间,照片里的自己很是轻松自在;你会分享自己女儿的快照,她的小脸干干净净,头发梳得整整齐齐;你会发贴讲述自己在工作中大获成功的经历。分享积极正面的生活固然有趣,但是这会导致我们展现自我的方式变得如同日食一般——只露出那一点明亮之处,却没有展示我们混乱生活的全貌。我们在社交媒体上的好友或许多达数百个,但是使用社交平台的方式却与亲密关系的经营方式背道而驰。在我看来,虽然社交媒体上存在一些不完美的动态,但绝大部分都像是精心安排的混乱,而非真实的状态。因此,我认为那种看似亲昵的虚假分享造成的更有可能是误导。

穆尔蒂表示,孤独会带来严重的后果。他曾研究过社会隔离的深远影响。在与美国各地的人进行交谈的过程中，穆尔蒂震撼于孤独的普遍性以及伴随着孤独的羞耻感。他说："我认为，一部分是因为承认自己的孤独感就如同说自己不讨人喜欢、没人爱，就等于是有某种社交缺陷。实际上，孤独感是身体给我们的一个自然信号，类似于饥饿感和口渴感。这就是人际联系的重要程度。"在感到孤独时寻求人际联系，这是一种健康的人类行为。如果忽视孤独感，我们就要承受长期的压力，随之而来的还有身体和情感上的各种负面影响。

友谊对健康太重要了，很多医生和科学家已经开始从公共卫生的角度来研究这个问题。现在，健康饮食和运动已经成为医生的主流建议。在不久的将来，医生可能就会在问诊时建议病人多去社交。

朋友是解压良药

5年前，我在"请教专家"博客上收到的问题大多是关于时间管理和生产力的。例如怎样才能做更多事？（于是我写了第一本书）然而，在最近的两三年里，我的电子邮箱和评论区被下列问题填满了：怎样才能缓解焦虑？怎样才能减轻压力？依我之见，人们的关注点已经发生了重大转变，现在人们更关心即将出现的职业倦怠、恐惧和压力。我认为，与其疯狂地搜寻答案，不如先看看那些近在眼前的解决方案。朋友能减轻我们的压力,而压力的减轻对整体健康有极大的好处。2007年,美国心理科学协会(Association for Psychological Science)的杂志《观察者》(*Observer*)发表的一篇研究综述称,压力与各种健康问题有着千丝万缕的联系,从牙龈问题到心脏问题都是如此;压力还会让人更易患上各种疾病,从普通的感冒到癌症和糖尿病都有可能。

下面介绍一下原理。在感受到压力的时候,你的身体会释放肾上腺素、皮质醇、去甲肾上腺素等荷尔蒙。这些荷尔蒙会提高心率,增大呼吸频率,增加血液中葡萄糖的含量,而这一切都是为了引发"战斗或逃跑"(fight-or-flight)反应。在突发危险之际,战斗或逃跑反应使你能够飞奔而去,或是掀起一辆汽车,从车下救出自己的孩子。不过,这种反应会消耗体内的大量能量。作为补偿,身体的其他机能会放缓或暂停,如消化、生殖、生长,以及某些免疫功能。如果压力事件很少发生,或是持续时间较短,那么你的身体会恢复平衡。但如果身体长期分泌这些压力荷尔蒙,你身体的正常功能会受到影响,还可能引发睡眠问题、心脏病、头痛、体重增加、抑郁、焦虑、记忆力受损及注意力障碍。幼儿时期的创伤性事件可能使一些人变得更加敏感,也更容易受到压力的影响。就好像我们每个人都有一个压力设定值,只有我们自己积极尝试,才能改变它。

从某些方面来说,人类向现代世界的发展,或许就是我们压力过大的根源。斯坦福大学的神经内分泌学家罗伯特·萨波尔斯基（Robert Sapolsky）研究了狒狒群体的压力，发现如果有了安全的环境和更多的闲暇，灵长类动物（包括人类）的"战斗或逃跑"机制就会转化为无谓的痛苦和疾病。大多数人都很幸运，在日常生活中不会受到生命威胁。尽管现代人不需要防备剑齿虎，但却保留了远古时期的压力反应。现代社会的"剑齿虎"是刻薄的上司，是烦人的孩子，是爱吵架的伴侣。倘若被上司骂了，你不仅当时要承受压力，还要在一次次反思中不断重温这段遭遇以及当时的压力。

在承受了过大或过久压力的情况下，你可能不太想与人交往，但朋友往往能救你于危难之中。1990年，有研究者邀请女大学生们参与一项高难度的数学测试。当她们独自参加测试时，心率就会提高。如果允许她们带一位朋友一起参加呢？你应该猜到结果了吧？有朋友相伴，我们的内心会更平静。娱乐记者琳兹·沙尔夫（Lindzi Scharf）在《洛杉矶时报》（*Los Angeles Times*）上发表文章，动情地讲述了自己必须要依靠朋友才能度日的故事。这一切发生在沙尔夫得知自己刚出生的女儿埃文（Evan）患上罕见的不治之症后。"我们有家人和朋友相伴。虽然，他们可能还没理解我们的遭遇，但是却选择支持我们，好让我们不至于太过孤立无援。我和我丈夫都在努力调节自己。我丈夫选择了混合健身（CrossFit）；我则是写作，还有与朋友们喝咖啡。"

我联系了沙尔夫以了解更多的细节。她女儿埃文的病很需要人照顾,沙尔夫肯定疲于应对。她会随时跟朋友说埃文的最新情况。"我希望他们能知晓情况,但我认为,我们也必须得有其他话题。我总是这么说,'请跟我聊些别的吧。我不想再聊线粒体病了!'"

朋友与习惯

自 1948 年起,弗雷明汉心脏研究(Framingham Heart Study)持续在跟踪马萨诸塞州弗雷明汉市的居民,以研究高血压和心血管疾病。现今的许多心脏病相关知识以及饮食和运动对其影响的知识都源自这项研究。此研究有一个出乎意料的发现:健康和不健康都是会传染的。研究人员发现,一个群体如果有一个人变胖,那么他朋友发胖的概率就会提高 57%。反之亦然。假如你的朋友健康饮食、经常锻炼,那么你也更有可能效仿。

在伯明翰大学,研究食欲的生物心理学教授苏珊娜·希格斯(Suzanne Higgs)发现,朋友的存在实际上会削弱人对身体信号的感知能力,如饱腹感。我们倾向于模仿同伴的用餐方式。这种模仿他人的冲动可以往好的方向引导。在她的另一项研究中,希格斯在一家餐厅张贴了海报,告知顾客什么配菜最受欢迎。如果最受欢迎的菜品写的是蔬菜,就会有更多的人点这道菜。尤其是第一次来的顾客，他们会去找点餐指引。后来，即使海报被移除了，顾客还是这么做。一个新的习惯已经形成了。

要想推进自己的目标，你可以有意识地决定相处的人选。我知道这听起来有点儿无情，但假如你要参加马拉松训练，而你的朋友们每天晚上都像摇滚明星一样疯狂开派对，那么你就会在训练中备受煎熬。

朋友助你成长

每段友谊都是一个难解的拼图谜题。你与某个朋友的相处模式可能和你与另一个朋友的相处模式截然不同。有的朋友什么都愿意参加，能把晚间活动变得很精彩；有的朋友是你怀疑自己捅了大娄子时的倾诉对象，因为你知道她会跟自己直说；还有你的"拉拉队"，你一定要见过她才能去参加那个令人伤脑筋的报告会。而在你朋友的眼里，这三种类型的人可能都是你。我们的性格在不同关系中是不一样的——朋友会激发出我们性格的不同方面。当我们与他人关系亲密、相互关爱的时候，我们就能够透过他们的眼睛看世界，从而培养自己共情和同情的能力。拥有一大群各具特色的朋友可以让你获得很大的成长，这是一小群相似的朋友所不能做到的。

在 Zoom 上，我与多年好友兼老同事埃莉斯·罗南（Elise

Loehnen）进行了视频对话。她的职业是作家兼播客节目主持人。罗南讲述了自己与挚友莎拉（Sarah）的友谊是如何持续地塑造她本人的。她说："我和我朋友莎拉是在寄宿学校认识的。当时我刚来到这里，她跑来找我。不是因为她自己忍受不了艰难的日子，而是因为她本身乐于照亮他人。现在，我们都住在洛杉矶西区。我因此觉得很宽慰，也能够在她面前做回自己，而不被品头论足。莎拉会把我拉向积极的方向。就算是在高中时期，虽然我们也会抱怨和发牢骚，但她总是说："这不也挺有趣的吗？""

关注身边最亲近之人的又一理由是"米开朗基罗效应"（Michelangelo Effect）。这一效应指的是，"雕刻就是打磨石头以展示其理想形态的过程"。在一项1999年的研究中，斯蒂芬·迈克尔·迪格罗塔斯（Stephen Michael Digrotas）发现，如果你身边的人以你理想中的样子看待你——更健康、更有效率、更乐观，什么样都行，你们之间的关系就会对你产生积极的影响，并且会帮助你成为理想中的自己。

朋友帮助我们塑造自己

虽然友谊对身心健康的好处颇多，但对于我而言，友谊的真正力量在于优秀的朋友可以帮助我们发现真实的自我。早在18世纪，天文学家玛丽亚·米切尔（Maria Mitchell）就探讨过这个观点。她认为，我们能够"在友谊中共同塑造彼此，并重新塑造自我"。持续发展和建立高质量的友谊有助于我们发掘自己的全部潜力。换句话说，当你努力巩固自己的友谊，发展亲密、细腻的关系之时，你也构建了自己的力量和性格。可以说，亚里士多德（Aristotle）是史上最伟大的思想家之一，他经常谈论友谊的力量，尤其是因为它与自我息息相关。在《亚里士多德的答案：科学和哲学如何引导我们过上更有意义的生活》（Answers for Aristotle: How Science and Philosophy Can Lead Us to a More Meaningful Life）一书中，作者马西莫·匹格里奇（Massimo Pigliucci）讨论了亚里士多德的一个观点：朋友举着镜子映照彼此，他们在镜子中看见了本不可能看到的彼此，而这种映照会帮助他们提升自己的人格。或许这能用来解释为什么现代人不愿建立深厚的人际关系。我们是否在害怕镜子中可能出现的影像？即便如此，我们也要深入友谊中，借此来探索自我、认识自我、发掘自己的潜力。至少对于那些想要成就最好的自己的人来说是这样的。

关键在于，自我探索可以促成更为稳固的人际关系，而稳固的关系可以激发我们内在的最重要部分。

在挚友去世后的很长一段时间里，我都像是在深水中原地踩水——努力不被淹死——缴纳各种费用，完成各项工作。但我毫无动力，停滞不前。我被困住了。正如我在前文所说的，我的其他朋友、家人，还有伴侣都给了我极大的支持，但他们与我的联系都隔着一层滤镜。我无法逃避已经发生的现实，于是这现实悄悄地渗透到我几乎所有的人际交往之中。作为创作者，我再也写不出一个字，虽然当时我没感到明显的生命危险，但是现在回想起来，那时我的生命正慢慢走向衰竭。直到两三年（年！）后，我被介绍给一个朋友的朋友，她是一位新晋导演。我俩一见面就被彼此吸引了。随后，我们谈论起电影、广告、音乐视频。这些是我们工作的灵感来源。我觉得自己的创造力回来了，哪怕只是在聊天的那个片刻里。会面结束，我久违地感受到了活力。在接下来的几周里，我们不断发短信讨论，最终决定一起做一个短片的项目。我惊呆了。在两三年的时间里，"创作"这个概念对我来说遥不可及，甚至会令我作呕。可现在，我却兴奋不已。我迫不及待地想开始工作。通过这次工作，我创作出了职业生涯中最棒的一份作品，也重新振作了起来。拯救我的不是工作，而是友谊。我不再活在悲剧中。我拥有了全新的定义。在别人的眼里，我可以只是自己——一个创作者。而且别人越是觉得我有创造力，我就越有创造力，我会越发深入地探索自己的潜力，而不是探索自己的悲伤。这是将近18年前的事了，而这个人至今仍是我最好的朋友之一。这段友谊不仅激发了我的能量、改变了我的观念，还让我原本的友谊焕发新的生机，迎来新的开始。最重要的是，这段友谊帮助我发现了自己潜藏的部分。

　　科学家、哲学家和心理学家一致认为，亲密的友谊可以从生理、心理和情感上改善你的生活。它们让我们有机会成长，也有机会犯错。它们是伟大的导师和医者。或许更为重要的是，它们让我们变成了更好的人。我不知道你是怎么想的，但我觉得在这个时代，我们更需要成为最好的人。因此，如果你又去反复查看自己社交账号上的粉丝数和点赞数，那么我建议你将至少同等的时间花在能够彻底改变你的现实关系上。

我要讲的故事发生于我们在医院的陪护期间，那时有一个女性朋友来探望我们。我坚信这一切会吓跑所有的访客，没人能承受得了。在医院的时候，我们每天都会遇到紧急情况。出乎意料的是，我朋友在探望结束的时候说："哦，金球奖之夜你打算做什么？我们得提升一下你的陪护质量。"她竟然把陪护这件事变得积极了起来。

她知道，由于我和我丈夫都在娱乐行业工作，金球奖意味着他那晚要外出工作，病房里就只会剩下我和埃文。于是在金球奖之夜，她又来了。那一夜，我们根本没空看电视，因为发生了太多事。谢天谢地，还好有她在我身边。有一回，我们得跑去做胃部X光检查。各种事情接踵而至，但她就在那里，装作很勇敢的样子，让人觉得："哦，这都是稀松平常的事情。"

我想，对我来说，这就是友谊。对我来说，友谊一直都是这样的：你的朋友不会畏惧你的阴暗面，反之亦然。早在这场意外发生之前，我就是一直这么想的。我一直希望拥有能够战胜一切困境的友谊。但其实，我这些年来培养出的友谊就已经做到了这点。在我陷入困境之后，我朋友们的举动都令我难以置信。我太幸运了。

琳兹·沙尔夫，记者
关于她自己在医院陪护女儿埃文两个月的经历

第二章

做自己的至交

> 与自己的友谊至关重要。如果没有它,你就无法与世界上的任何人做朋友。
>
> ——埃莉诺·罗斯福(Eleanor Roosevelt)①

既然这是一本关于友谊的书,我为什么要先从你自己谈起?我们不是应该直接开始聊你的朋友是谁,他们给你带来了什么,这些关系如何改善,哪些朋友不能留吗?

放心,这些话题之后都会聊到的。在剖析友谊之前,我们必须先研究自己。我说的不是"喝杯甘菊茶、洗个泡泡浴"那种类型的自爱。(这种自爱有其用处,但它不在本书讨论的范围里!)我指的是真正地了解自己,只有这样才能成就美好的友谊。实际上,我是要你成为自己的至交。然后,

---

① 美国第 32 任总统富兰克林·罗斯福(Franklin Roosevelt)的妻子,她于第二次世界大战后出任美国首任驻联合国大使,并主导起草了联合国的《世界人权宣言》。——译者注

你就会解锁自己的超能力，成为能够给予和接受真正的友谊的人。

在我的上一本书中，我谈到了如何利用自己的时间，以及如何过得更有意义。我和很多人都认为，我们应当好好地考虑如何分配自己的精力，应当主动而非被动地去面对变幻无常的忙碌生活。我花了大量时间来分析女性的生活是如何脱离正轨的。她们做了太多事，却很少实现其真正的价值。我发现有很多女性任凭各项事务塞满自己的生活，导致她们筋疲力尽。我选择从一些所谓的"义务"中抽身，习惯了之后，我发觉自己可以完成很多事。而且，我是在达成我的目标，不是仅仅为了满足这个世界（以及朋友、家人、同事）对我的要求。

进一步思考之后，我意识到，实现幸福、满足和健康的一个重要因素是我们在与谁相处。励志演讲者吉姆·罗恩（Jim Rohn）有一个著名的观点：我们是与我们相处时间最长的那5个人的平均值。其实，所有与我们相处的人都一直在影响我们。因此在选择朋友的时候，我们必须保持清醒，最好有明确的目标。

不过，要想明智地挑选出共度时光的亲密朋友，你必须得先了解自己。如果不了解自己，不了解自己的价值观、需求、长处、短处和目标，那你怎么可能知道哪些友谊值得培养，哪些应该被淡化？显然，你做不到。

就像被动地安排时间一样,被动地选择友谊可能导致你最终被困在一群不支持你、不尊重你,甚至都不懂你的朋友中间,反之亦然。也有可能没到这么极端的情况,可能只是你们不会去维持友谊。

我联系了我的好朋友杰西·德·洛(Jessie De Lowe)。她是一位显化(manifestation)①专家,同时也是"如何焕发光彩"(How You Glow)博客的创始人之一。我向她咨询了关心和理解自己的重要性,因为在职业生涯的大部分时间里,她都在和客户一起探索如何释放更深层的自我。她的回答很有见地,引起了我强烈的共鸣:

你与自己的关系为你与其他人的关系定下了基调。我们是彼此的"镜子",因此倘若你经常评判自己,你就更有可能评判别人,也更有可能感受到别人对你的评判。对自己的负面看法加上自爱的缺乏,会导致你的真实自我无法在你与他人的情感关系之中显现出来并存续下去。当我们优先选择滋养自己,并且觉得自己很充实的时候,我们就能给予更多,也能更坦然地接受。这种平衡的能量交换方式为健康的人际关系奠定了基调。

---

① 有观点认为,人具有与生俱来的"显化"能力,即通过自己的意念塑造现实的能力。——译者注

如果你能够了解自己，并不断和自己沟通，确认自己在哪里、感觉如何、想要什么等，你就会知道应该将自己的精力和时间用在哪里，以及用在谁身上。

那么，该如何开始呢？

我出现了幻听（没关系，是我自己在说话）

我要明确一点：大多数人都离成为自己的至交远着呢。你可能认为自己的自尊心相当强。你客观地知道自己聪明、勤奋、善良。也许你还很幽默，或是能提供很好的建议。也许你在室内装饰方面很有天赋，或是能烤出绝佳的无面粉巧克力蛋糕。即使你知道自己具备极好的个人品质，对你自己来说，你仍有可能是一个很烂的朋友。这些具体体现在这里：自我谈话。

什么是自我谈话？自我谈话指的是我们脑海中一刻不停的唠叨。可以是有意识的思考和观察（"哦不，我忘了重新预约牙医！"），也可以是我们这一生积攒的无意识的观点和偏见（"啊，我的侧方位停车技术真差！"）。

大多数人脑内的自我谈话都很恶劣。不信我吗？那么你可以试着单纯地观察一下自己的想法——先别改变它们。等到出现问题的时候，请特别关注自己的想法。例如，你遇上了堵车，然后在一场重要的会议上迟到了。你的脑海里出现了什么？你是会告诉自己"真遗憾，今后我要预留更多的时间，这样我就能从容到达并做好准备了"吗？还是会直接说："我真是个白痴。谁会迟到？他们都会认为我是个失败者了？"又如，假设你正忙着赶任务的最后期限，有两周没去上动感单车课了。当你想起这件事时，你的脑海里出现了什么？是"我现在压力很大，这时候最不该为了没有做的事而自责。下周我要重返健身房，就能缓解这段时间的压力了"吗？还是这样想，"哎呀，这下长肉了！我干什么都坚持不下来。何必呢？"再如，假设你什么都还没做呢，你就发现公司有一个新的职位在招聘，这个职位比你现在的高了不少。但你一直在拼命工作，却很久没有得到加薪或升职了。你会鼓励自己吗？"我已经掌握了很多技能，而且我的经理经常让我做职责以外的任务，她应该想让我继续积极热情地工作。"还是这种："根本没人把我当资深员工。说实在的，我以为我是谁啊？"

在《关于爱与幸福的三词真经》(The Three-Word Truth About Love and Being Well) 一书中，我的父亲，精神病学家克拉克·法尔科纳（Clark Falconer）谈到了话语的力量。"现在我们明确地知道了，我们的思考方式会改变一切。我们说出的话是光明和能量的源泉，也是黑暗和痛苦的源泉。一切事情从我们对其思考之时开始发生。然而，大多数人都停留在低等意识阶段。他们不去开发高等意识中的巨大能量，只是因为他们误解、误用了话语以及与之关联的感受。"

换言之,你可以选择思考问题的方式,而这会影响你的感受。借用亨利·福特(Henry Ford)的话:"不管你觉得自己行还是不行,你都是对的。"这并不是说生活中完全不存在"路障"(有的人遇上的"路障"多些,有的人少些),而是说,在可行的范围内,如果你想通过自己的思想来改变现实,那么这就值得一试。

记录下你的自我谈话,一周就够了。你会如何描述内心的那个声音?她会鼓励你吗?她有同情心吗?她是否从你的生活和选择中看到了复杂性和细腻性?还是说她很令人讨厌?她是敌是友?如果弄不清自己内心的声音是哪种"人",我这儿有一个万无一失的方法来确认。你能想象现实中的至交好友说出你对自己说的那些话吗?假如你在职场上做了奇烂无比的报告,然后你打电话给自己最亲密的朋友,她会说什么?"哎哟,你又搞砸啦。你在期待什么呢?你就是没什么才华。"我真心希望不是这样的。她更有可能会这么说:"哦,天哪,听上去太惨了。真为你难过。我敢说,实际情况并没有你感觉中那么糟糕。即使你这次做得不够好,大家也都知道你很棒,没有人会因为这件破事跟你作对。想见面喝一杯吗?"

如果还不明白,那就想想你是怎么跟自己的至交好友说话的。你是否会对她说她蠢、胖、懒、没用?跟前面一样,我希望不是这样的。

为什么说自我谈话的方式很重要?这只是一种内在的对话,就算我们对自己稍微粗暴一点(或者非常粗暴),又有谁会在意呢?事实证明,我们都应该在意。布芮尼·布朗(Brené Brown)为许多人所知的原因之一是她在羞耻感方面的开创性研究。布朗花了6年时间研究了数千件证据,进而总结出了有意义的关系得以建立的几个关键因素。人们普遍认为,友谊的本质是看见与被看见。因此,为了真诚地与人交往,我们必须让别人看见真实的自己。挺有道理的,对吧?如果你总是向别人展示自己的伪装,即使他们喜欢上了你,这段关系也是脆弱而虚假的。真正的友谊需要双方都展示出真实的自己,包括不足之处。为什么我们有时不愿意展示自己呢?因为假如我们听信了消极的自我谈话不断灌输给自己的观点,我们就有可能认为真实的自己没有价值。假如你发自内心地认为自己没有什么价值,那你为什么要展示出来呢?你大概率不会展示。而如果你不愿意做真实的自己,你就永远无法拥有有意义的关系。

这就是为什么我们明明认识很多人(你们好呀,750位脸书好友!),但我们的内心却存在一个泳池大小的空洞——名为孤独。

布朗研究了真正能够建立联系的人与不能建立联系的人之间的区别。她发现关键变量是自我价值感。当我们有自我价值感的时候,我们就敢于向自己和他人展现自己的脆弱和同情心,也愿意在人际关系中做真实的自己。布朗将具有这些品质的人称为"全心全意之人"(wholehearted)。

这个词给我的最大触动是,大多数人在生活中是半心半意的(half-hearted),甚至只付出了四分之一的真心(quarter-hearted)。我们不敢表现出脆弱,为了摆脱脆弱什么都愿意做。正如布朗所说,若论负债、肥胖、上瘾、用药,我们这个时代的人是历史之最。她还指出,这种自我麻痹不是选择性的。要是你采取了喝酒、购物、吃东西的方式来逃避负面情绪,那你也就中了正面情绪(如感激之情和快乐)被麻痹的"大奖"。

那么,该如何转变自我谈话,让你成为自己更好的朋友呢?2014年的一系列研究给出了一个巧妙的方法:称名道姓地与自己交谈。我知道,这种方法说得好听点儿是有些古怪,说得难听点儿就是极度自恋。在上述研究中,研究人员发现,在自我对话中使用"我"的人会有更多的社会焦虑感、后悔感和羞耻感。而被要求用名字来称呼自己的人能够达到一种科学家称之为"自我抽离"的状态。这个状态就是字面上的意思。自我抽离给你留出了足够的思考空间,可以用更冷静的头脑和更友善的心态来看问题。自我抽离让我们得以重新审视一些直觉上的偏见和不实观点。("艾琳真的是这场会议中最蠢的那个人吗?可能不是。好了,继续。")这样的人,即使完成了具有挑战性的任务（如在观众面前发表演讲），也更不容易感到羞愧和焦虑。

另一种转变自我谈话的方法与上一种截然相反，那就是给内心那个不愉快的声音起外号，从而驯服那头"野兽"。布朗把这类声音称为捣蛋小精灵（gremlins）。心理治疗师卡里萨·卡尔纳（Carissa Karner）称这种声音为她内心的坏女孩。给你内心那个"唠叨的家伙""刻薄的女孩""监工"或"仇敌"起个名字，也能够消除她带给你的刺痛。

我曾经放任内心的坏女孩，导致自己和一个朋友的关系变得紧张。对于一段已经有些不稳固的友谊来说，你很容易栽到沟里，轻而易举地把这个朋友当成自己搞不定的私人问题的替罪羊。我有一位好朋友，她的生活方式与我不同。她没有真正的工作，至少是没有传统意义上那种朝九晚五的工作，而且她也没有孩子。基于这两件事，她似乎比我有更多的空闲时间。她极具创造力、风趣幽默，且总会让身边人开心，但随着我最近反思的增多，我发现自己对她的不满也在增多。这一回，我正忙着创作一本书，而且早就过了截稿日期（新冠肺炎疫情期间没人帮忙带孩子，结果就是我的写作能力受到重创），所以我的压力真的很大。正当我陷入沉思的时候，手机响了，然后我在屏幕上看到了这位朋友的名字。我瞬间就大为光火："她为什么要在中午给我打电话？她明明知道我在赶稿子！当然了，她根本不知道这意味着什么！"

类似的情况以前也发生过很多次，但这次我意识到了自己的所作所为。

我在这儿诋毁这位朋友（和这段友谊）——她打电话可能只是为了打个招呼，问问我最近的情况，或是跟我说件趣事，而我诋毁她的理由完全是我自己的问题。当时我压力很大，时间不够用，而且快要搞砸了（至少这是我脑内循环播放的负面说法）。我必须得承认，当时我非常焦虑和不安，因为自己是家里的经济支柱，不知道能否养活我们一家子。另外，我还有些嫉妒她，因为在她那儿，钱似乎不是个问题。在我看来，她"得来全不费工夫"。这还是我自己的问题，跟她没关系。可是当时的我没有去处理自己的问题，反而将自己的焦虑投射到外界，把朋友当成了出气筒。我开始审视自己的行为，看看是否波及了别人，然后惊讶地发现有时候确实波及了。我还发现，我的行为完全不会影响到真正稳固的友谊（这不是继续这么做的借口）。但是，我的行为影响到了那些存在问题的友谊，导致它们受挫。从这个事例中，我发现了两个问题：第一，我把我自己的焦虑和恐惧投射到了这段友谊中，带来了不好的影响；第二，我和这位朋友之间显然存在一些悬而未决的问题，我需要去解决它们。因此，我要做更多努力，来查清这些问题的根源。显然，我需要大大提高对自己的负面思维和自我关怀的认知，从而解决自己的破事，这样我的破事带来的情绪就不会发泄到朋友身上了。

如果我和自己做不成朋友，就不可能成为一个优秀的朋友，就是这样。

自我谈话的最高境界是能够同情自己。虽说你内心的坏女孩没给你帮上什么忙，但她其实是想要保护你。正如卡尔纳强调的，在我们成为自己至交的过程中，接纳自己内心的坏女孩是必经之路。我们内心那个批评家的偏见和观点很可能源自童年时期，但如今已经不再适用了。虽然她是想帮你避开失败或羞辱，但若是与她保持一点距离的话，你的反应就不会那么强烈，她也能安静下来。

集中注意力

大多数人觉得，等我们成年的时候就已经非常了解自己了。我们已经积累了足够的经验、恋情、友谊，可能还有工作经历，这些让我们掌握了自己的思想和内心。可是我们并没有做到。至少，我们对自己的了解程度不如自己以为的那么深。

事实上，自我认知上的盲区会导致我们的决策失误，情绪和人际关系出现问题，甚至生活满意度也会下降。在简·奥斯汀（Jane Austen）的名作《爱玛》（Emma）中，起初女主人公很会欺骗自己。爱玛·伍德豪斯（Emma Woodhouse）聪明、机敏，也很爱评判别人。她自以为了解身边的人最适合什么。爱玛一开始犯了个错,她怂恿没怎么见过世面的新朋友哈丽特(Harriet),让哈丽特否认自己爱慕本地的一个农民。相反地,爱玛想撮合哈丽特和一位雄心勃勃的年轻牧师。这样一番指点最终不仅伤害了哈丽特,还让爱玛开始怀疑自己并非无所不知。在书中,爱玛还做了很多令她尴尬至极的错事,但《爱玛》的主题其实是自我认知和自我革新的价值。在发觉自我认知中的错误之后,爱玛认识到了事物的真实面目,也发展出了更为深厚的友谊,并成功与奈特利(Knightly)先生相恋。

在一篇于 2013 年发表的文章中,圣路易斯华盛顿大学的艾丽卡·卡尔森(Erika Carlson)研究了正念对自我认知的促进作用。卡尔森认为,真实的自我认知会遇到两大障碍:一个是信息障碍,即我们没有掌握关于自己的准确信息;另一个是动机障碍,即我们会相信那些出于维护自尊所做出的关于自我的假设。正念是指我们对自身和想法的非评判性观察。正念能够减缓我们的恐惧和焦虑,让我们看到完整的自己。

这么一说,正念像是一种帮你为自己的缺点开脱的方法。实则不然。通过正念了解自己的过程可以看成是建立基线数据的过程。在认识自己时,你可能会碰到不喜欢的部分。例如,你和朋友约好喝咖啡,结果她只是迟到了 5 分钟,你就怒火中烧;或是你在饥饿的状态下会对孩子失去所有耐心;又或是和朋友打电话的时候,朋友没有问对问题,你就觉得被冷落了。不如这样想：无论你是否承认这些反应，你都会这么做的。如果你能训练自己进行非评判性观察（即正念），你就会获得一些可以拿来分析的数据。带上好奇心开始吧。假如你不希望自己有这些反应，那你可以做些什么呢？可不可以让你的朋友在离开家的时候给你发短信，这样你就能知道自己该什么时候到咖啡厅了？可不可以控制好自己的血糖，这样饿怒感（hanger）[①]就不会影响到育儿了？可不可以告诉朋友你在想什么，而不是等着她来问对的问题？也许可以，也许不行。但通过加深对自己的了解并做出选择，你一定能更好地控制自己的行为和感受。

就像培养别的能力一样，培养对自己的想法和感受的觉察能力也需要花费时间，还要进行练习。你的终极目标是全天使用正念，但一开始你可以先练 5—10 分钟。

很多高功能 A 型性格[②]的忙人（比如我！）都担心正念就是要清空思绪——这似乎是做不到的。清空思绪并不是目的。你要做的是安静地坐着，专注于呼吸，保持 5—10 分钟（定一个闹钟，这样就不用查看时间了）。当你发现脑海出现了一些想法的时候（它们会出现的），不要担心，记下它们，然

[①] 饿怒感一词是饥饿感（hunger）与愤怒感（anger）两词的结合，表示因饥饿而变得愤怒。——译者注

[②] 有观点认为，A 型性格与高功能焦虑有关。A 型性格的特点是好胜、易怒、雄心勃勃、控制欲强等；高功能焦虑表现为持续焦虑，但仍然能很好地完成各种任务。——译者注

后就重新专注于呼吸。你的思绪会再次游走起来，带来由所有忧虑和过往失败经历组成的盛宴。把它们当作电影来看待，而不是陷入情节之中。然后让你的注意力回到呼吸上。就是这样。当然，冥想和练习正念还有很多别的方法，不过这个简易入门版可以让你正式开始。

有许多文献从各个角度论证了正念的好处。2011年，宾夕法尼亚州立大学的达芙妮·M.戴维斯（Daphne M. Davis）和杰弗里·A.海斯（Jeffrey A. Hayes）整合了大量研究，总结了正念对健康和情绪的作用。其中包括情绪得到调节，过于强烈的反应得到缓和，应对更为灵活，（与他人的）外部关系得到改善，以及本章最为关注的，（与自己的）内部关系得到改善。

因为人类的大脑具有神经可塑性，所以定期的正念练习会改变大脑的生理结构和运作方式。正念促进了大脑部分区域的生长发育，包括与注意力相关的区域、处理感知的区域、提升信息处理速度的区域、减少完成一项任务所需精力的区域。众所周知，正念可以缓解焦虑和抑郁的情绪。而对于本章来说，如果是想要了解自己，那么正念的一大好处就是它可以增强共情、同情和自我同情的能力。

正念练得越多，就越容易上手。你可以每天空出10分钟的时间来静坐，将注意力集中到呼吸上，也可以选择在任意时间专注于自己所做的事情，从而进入正念的状态。在最近一期的《比之前更快乐10%》(10 Percent Happier) 播客中，丹·哈里斯（Dan Harris）转述了一位急诊室医生的故事。这位医生说，当自己在手术前清洗双手时，会用这几分钟的时间来让内心静下来，感受水在手上的流淌，化解一天的担忧。

在与心理学同事兼好友杰特·米勒（Jette Miller）谈论正念的重要性时，我大笑了起来。"拥有一个可爱的神经系统才是比什么都重要的！"她还强调，"我发现，在美国的文化中，人们往往在等待危机（即由压力或痛苦导致的身体症状）来改变自身的行为。作为一个欧洲人，我感觉欧洲人对于自身的调和（attunement）①与关心程度要多得多。就我个人而言，我会有意识地与自己沟通，通过大自然和音乐与自己建立起真正的联系。我还会关注自己的身体。我的身体有何感受？我的身体在告诉我什么？这不仅仅是，'哦，我头痛，要吃一片药。'我想知道自己的情绪和周围的环境发生了什么变化。这个症状可能想告诉我什么呢？"

接着，她说了一个很有趣的看法——我觉得它有趣，是因为这与我们的友谊有关。"你得试着用这类正念的方式来调节自己，而不是向朋友倾诉一切。你自己要做好准备工作。当然，你会想去跟密友分享自己最近的变化，对友谊来说这是必要的，但这么做是为了得到朋友的支持，而不是让朋友

---

① 在心理学上，"调和"指的是一种形成关系的过程。在与他人相适应时，我们允许自己的内部状态发生转变，与他人的内心世界产生共鸣。——译者注

替你处理材料。"

我希望你能享受到上述种种与正念相关的益处。谁不想减少焦虑、更有创造力、更专注呢？不过，我希望你把正念融入生活的真正原因是，正念为你创造了与自己相处的时间，让你逐渐学会理解自己的想法和感受。这会帮助你了解自己，更加善待自己，并且明白什么会让自己开心、什么会让自己不开心。这些都是发展出美好友谊的必备技能。

界限

关于爱情和家庭关系的文章和讨论太多了，以至于大多数人只消犯上几次错，就能摸清这两类关系中存在的边界。每周给父母打一次电话会让你感觉良好，但他们要是每天给你发短信，你就会感到厌烦。假如你跟一个人已经谈了9个月的恋爱，那人却还想与别人交往，我相信你会有自己的立场。

但友谊的界限就模糊得多了。无论是在社会科学领域还是在流行文化中，针对友谊的分析要少得多，因此你不清楚自己的感受是怎样的。

在友谊之中，如果你对于自己能接受和不能接受的事物还没有标准（因为你相信友谊应该顺其自然，无需费力），那你就有可能遇到麻烦。不管是有意还是无意，朋友总是会出现越界的情况。也许她在没有告诉你的情况下，带了对象来参加晚餐聚会；也许她忘了询问你的工作面试进展；也许她欠了你钱，却从不提起这件事；等等。对于一些人来说，上述情况会让他们气愤至极，断绝关系；对于另一些人来说，这些没什么大不了的。当然，我们都希望自己的至交好友足够了解我们，能够猜到哪些行为会伤害到我们的感情。但我们要是不坚守自己的界限，那么就别指望朋友会尊重它们。

要想设立界限，就要先尊重自己。如果我们相信自己是有价值的，那么在设立合理的界限时就会觉得合情合理。如果我们认为自己不够好，那么我们设置界限时就可能会有些任性，甚至会有些风险。如果我们明确了界限，朋友却觉得不值得为我们这样做，那该怎么办呢？

几年前，我在考虑联合几个伙伴创办一个政治团体。我们迅速行动，见了很多有趣的人，而且他们都愿意提供帮助。我永远不会忘记我和其中一位女性伙伴见面的那天。她非常敏锐，穿着打扮像个时尚的百万富婆，浑身散发着自信的气息。我当时就想和她做朋友，并立刻付诸行动。她似乎也喜欢我，所以不久之后，我俩就开始互发短信，约着一起喝咖啡或饮料。这些行为看似都是围绕业务展开的，但其实是想发展友谊。为了取悦她，我百分之一千地迁就她：我会发起通话邀请，去预订座位，包揽一切善后工作。我很高兴自己能派上用场（并且希望能给她留下好印象）。大约一年后，每当我想起这位朋友时，一种挥之不去的恼火感就渐渐涌上心头。我开始审视这段友谊的模式，发现我自己的行为模式很清晰。显然，我对自己的价值和能够给予的一切感到深深不安。为了克服不安，我表现得极度顺从，祈祷她永远不要发现我其实比她差太多了。于是，对于一些不能接受的行为，我也予以容忍：她可以不回我的短信，也可以迟到半个小时。说白了，是我的忍让造成了这种行为——我脑内运行的负面程序一直在告诉我：她是个时尚的成功人士，而我则相形见绌。现在，无论从哪个角度来看，我都认为自己是一个相当自信的人了。要是连我都会轻易受到上述情况的影响，那么便可以想见，一个习惯于自责的人会不断地陷入讨好他人的费力角色之中。毫无疑问，我的这段新生的友谊从一开始就注定要失败。当然，这种失败本来是可以避免的。

由于每个人真正在意的事物都有所不同，没有清单能够囊括需要设定界限的所有领域。常见的界限可能是时间、金钱、注意力、平等相待、信任、保守秘密……我还可以举出很多例子。你要做的就是搞清楚自己有哪些界限。要是你装作什么都不在乎的样子，那你自己和你的朋友都不会受益。人人都有界限。一开始可能会有些尴尬，但当你找到了交流界限的正确方式，情况就会好很多。在你的生命中，那些不尊重界限的人不会是好的朋友，而尊重界限的人才应当被珍视。

❀ 我该怎么做?

在通往更好的友谊的道路上,你可能觉得自己是在绕远路。照顾好自己,构建自己的话语权、自我价值和自尊,这不仅能提升你自己的总体感受,而且这样做你就能给所爱之人以力量与同情,并为他们树立榜样。

具体做法如下:

每天花 5 分钟的时间进行正念练习。是的,你得花 5 分钟来做这个。有很多应用程序可用。你也可以不带任何电子设备去散步。找一个安静的地方进行空想。早晨洗热水澡的时候深呼吸。

记下 3—5 个自我谈话的例子。有几个是消极的?几个是积极的?你检查了几个,以确认其真伪?用你自己的名字进行自我谈话。给你的消极意识起个别名。

对自己好一点儿。像对待你的至交好友那样对待自己。每天写 3 个关于自己的积极评价,然后说出来。

盘点自己 3—5 个友谊优势。你善于倾听吗?你喜欢逗朋友笑吗?你是否超级体贴呢?

在特拉维夫①，我在水中结识了一位好朋友。当时我俩都浮在水里，很悠闲地漂浮着。

我们马上就成了朋友，整天在一起玩儿，整天互发短信。我们当时都是单身，都是俄罗斯人和以色列人的混血，我们有着相同的背景。我们成了非常好的朋友。持续了好几年！然后，我不知道怎么回事，她就去了纽约，完全不理我了，没给解释，就消失了。在洛杉矶的时候，我偶遇了她，她却逃开了。真的！那是在埃瑞璜（Erewhon）超市里。我记得，当时我给我们共同的朋友打了电话，说："刚才是我人生中最诡异的经历。"她真的是飞也似的逃开了。

我百思不得其解。真的，我不知道为什么。是什么导致她不理我了呢？

我记得自己难过了一阵子。我找了借口："嗯，她搬去了纽约，所以就眼不见，心不念了。"但事情没这么简单。我能感觉到，她不想再和这段友谊有任何瓜葛了。

我一遍遍地想，我究竟可能做错了什么。然后我想到了唯一的可能性，但我自己都不知道对不对。这件事情简直像《洛杉矶故事》②（L.A. Story）一样奇幻。那时她从纽约旅行归来，约我吃午饭，我们就去了安吉里尼

---

① 以色列第二大城市，位于地中海沿岸。——译者注
② 1991 年上映的美国喜剧爱情电影。——译者注

（Angelini）餐厅。

　　我们刚坐下来吃饭，克里斯·派恩（Chris Pine）[①]就走了进来。她什么演员都认识，也很了解克里斯·派恩。她向他挥手致意，然后你懂的，他俩就拥抱、亲吻来相互问候。随后他说道："我能加入你们吗？"我就说："当然可以！"既然我在和克里斯·派恩共进午餐，那怎么可能不拍照啊。于是，我请人给我们拍了一张照片，之后我就再也没有听到过她的消息，一次也没有。这就是我能想到的唯一的可能性——我请克里斯·派恩和我合影，她不高兴了。

　　她什么也没说。那是我们最后一次的友好会面。得有三四年了吧。后来我在埃瑞璜超市碰到了她。她飞也似的逃开了。

珍娜（Jenna）

被密友躲着走／经历克里斯·派恩效应（？）的经历

[①] 美国知名男演员，代表作有《星际迷航》（*Star Trek*）、《神奇女侠*》*（*Wonder Woman*）等。——译者注

第三章

人生最初的友谊

> *只有在大人眼里,小女孩才是小巧可爱的。女孩子们不会觉得彼此可爱。她们的个头一般大。*
>
> ——玛格丽特·阿特伍德(Margaret Atwood)①

我永远不会忘记自己从六年级到七年级的那次转变。自幼儿园起,我就在私立女校上学。我上七年级(初中一年级)时,我所在的学区开放招生,招收了一大批新学生,其中有很多人之前上的是公立学校。我所在的班级重获活力,我的世界则迎来了一群新的酷女孩。我当时被吓到了。此前多年,这些新同学都未被着装规定约束,已经养成了自己的穿衣风格,因此就算是校服,她们也能穿出自己的风格。更重要的是,她们拥有必杀技:与男孩子打交道的经验。我立刻决定打入这个新的酷团体。

---

① 加拿大著名小说家、诗人,代表作有《使女的故事》(The Handmaid's Tale)、《盲刺客》(The Blind Assassin)等。——译者注

我换上了新的伪装：总是有空，总是友好，总是幽默。我成功地融入了这个新团体，但没过多久，我就发觉自己像一只受训的猴子。我一直战战兢兢，不知道接下来要怎么做才能让她们开心。在接下来的两年里，我疲于应付。当时的我从未停下来去思考，为什么我会觉得真实的自己不够好。毕竟，我才是那个掌控局势的女生。我认识所有的学生和老师。我是六年级的班长，那时就很受欢迎了。相反，这些新同学谁也不认识，什么情况都不了解。我却牺牲了自己的快乐，选择去取悦她们。而这种（由我制订的）友谊规则注定会带来灾难。后来，我感到疲惫不堪，无力伪装自己，于是我变得越来越不安，我们的友谊也就结束了。当然了，由于是那时大家正值青春期，我们的友谊结束得……惊心动魄。

和那群朋友绝交之后，我结识了几位新的好友。她们很机灵，也挺酷的。最重要的是，她们都很支持我。和她们在一起时，我是最出色的那一个。我会展现出自己的另一面：坚持己见、咄咄逼人、潇洒自信，而且不管我说什么，她们都会倾听。我从取悦者变成了被取悦者，感觉好极了。

我的一生都在取悦他人。还记得第二章的故事吗？我不顾一切地去迎合那位朋友，放弃了自己的界限，结果就毁掉了那段通过工作建立起来的新友谊。这太典型了，我仿佛回到了 20 世纪 90 年代初期，试图去取悦那些酷同学。回顾前半生，我发现自己经常扮演这样的角色。真正的问题还没解决：对我来说，这是最好的交友模式吗？显然不是。早年的那些友谊给我留下了创伤，影响到了我现在的友谊。我学会了分辨"受欢迎"与"友谊"——有研究证实了两者的区别。受欢迎的女孩子和女士的身边会围绕着很多人，但她们可能并没有很亲密的朋友。在弄清这种模式之后，现在我终于明白了该如何调整现有的友谊，让我们之间的关系变得更加坚固——其基石不应是焦虑和恐惧，而应是真实的情感与沟通。

童年是一个古怪又离奇的时期。童年的经历对我们的一生都有着巨大的影响，其包括我们童年的经济状况，以及父母养育我们的方式，当然也包括了我们的学校经历。若是按照影响力的大小来排序，我们童年的友谊肯定名列前茅。在这些友谊中，有旁人不懂的笑话、相互分享的秘密、共同的敌人，以及无关爱情的爱意。如果说，童年的家庭关系让我们形成了未来伴侣和孩子的标准，那么童年的友谊就让我们构建了对未来友谊的期望。然而在童年时期，我们对友谊的掌控能力最弱，拥有的发言权也最少。从童年的友谊中，我们学到了分享、共情与合作，但也有可能学到了嫉妒、操纵和霸凌。对于小孩子来说，他们的绝大部分朋友都是身边的同龄人：同学、邻居、亲戚。在美国文化中，小孩子实在是没什么可选的，就应该跟同龄人在一起玩儿，这是一种文化规范。等到成年以后，要想尽量跟喜欢的人待在一起，就容易得多了。因此，童年不仅是广泛学习的时期，还可能会有层出不穷的闹剧。

此外,年幼的孩子还在逐渐形成对自己的认知。神经科学家桑德拉·阿莫特(Sandra Aamodt)是《儿童大脑开窍手册》(*Welcome to Your Child's Brain*)的作者之一。她认为,在青少年时期结束后,人类的大脑仍在发育,并且会持续很长一段时间。"租车公司最先发现这一点①,后来神经学家也追赶上了进度。脑部扫描有力地证明,大脑的发育直到25岁左右才完全结束。"既然成年人到25岁才能定型,那么可以想见,小孩子是多么容易受到影响。年幼时发生的重要事件能够改变人的未来成长方向,童年的友谊对我们成长的影响便是如此。童年友谊真的会改变人生轨迹。萨莎·汤(Sasha Tong)是电视制作人兼《说出你的趣事》(*What's Your Drama*)播客节目的主持人之一。初到加拿大时,这个来自中国香港的小姑娘看上去比实际年龄还要小,并且说的是英式英语。5岁的她跳过了幼儿园,被安排进了一年级,她说:

> 有个一年级的老师很可怕。她不许我去洗手间。于是有一天,我尿裤子了。而这是我在加拿大小学的第一周。试想一下,我可能会社会性死亡。我可能一辈子都被叫作"尿裤子女孩"。但是不知为何,莎拉·克拉克(Sarah Clarke)这个时髦、早熟且非常受欢迎的小女孩

---

① 在美国,部分租车公司的最低年龄限制为25岁。——译者注

救了我。她护着我，我们成了朋友，这段友谊从小学甚至持续到了高中。她是会说这种话的人："我要让你做我的朋友！"我常常在想，要是没有她……谁知道我会怎么样啊。这件事改变了我的人生轨迹，包括我的朋友圈、我的自信心等很多方面。

一直以来，人们都认为女性拥有更高水平的交友软技能。这与社会化有很大的关系，不过大脑也有功劳。在北伊利诺伊大学的咨询师、教授苏珊娜·德格斯－怀特（Suzanne Degges-White）与克里斯汀·博祖马托－盖尼（Christine Borzumato-Gainey）合著的《永远是朋友》（Friends Forever）一书中，德格斯－怀特说道，还在妈妈肚子里的时候，女孩子们就已经开始形成她的"准备好交友的大脑"（friendship-ready brain）了。在荷尔蒙、肽、大脑发育和神经通路的联合作用下，她们的大脑准备就绪，能够处理人际沟通、解读情绪、理解社交中的细微差别、照顾他人等任务。书中还说："一来到这个世界上，女孩子就更容易察觉和记忆各种情绪细节。她们可以理解交流中的非语言成分，包括声调、面部表情和肢体语言，进而在揣测含义上胜过男性。"

儿童与其主要养育者的关系会影响儿童的交友能力，以及处理友谊中的波折的能力，这不足为奇。英国心理学家约翰·鲍尔比（John Bowlby）引入了依恋理论（Attachment

Theory)的概念，彻底改变了儿童发展领域的研究。如果孩子在养育者的爱意与关怀下长大，他们就会觉得自己配得上有爱的关系，并被认为拥有安全的依恋关系。这样的孩子会更有信心去建立新的友谊，而且关于自己应该被怎样对待，他们可能也拥有自己的标准。相反，如果养育者阴晴不定，或者对孩子不够关心，那么二者的依恋关系就是不安全的，孩子的社会能力会较差，可能会孤立自己，或是变得具有攻击性。

这并不代表那些开局不利的孩子永远无法拥有重要的友谊，只是他们得通过不断试错来学习如何与朋友相处。

我们中的一些人与兄弟姐妹住在一起，他们会对我们的交友技能产生影响。在《永远是朋友》中，德格斯-怀特和博祖马托-盖尼提到了一项研究：对于有一位或多位兄弟姐妹的孩子，幼儿园教师认为他们的人际交往能力和自我控制能力明显高于独生子女，而且他们的行为问题也更少。书中还说，有兄弟姐妹的孩子能够更好地建立并维持友谊、与不同的人相处、表达自己的情感以及察觉他人的感受。看到这里，许多读者会不禁想起自己童年时期的残酷手足之战，然后心想：什么？！但其实这些争斗是很重要的，它们帮助你练习了如何谈判以及解决冲突。

路易莎·梅·奥尔科特（Louisa May Alcott）的《小妇人》（Little Women）讲述了马奇家四姐妹的故事。最令人难忘的闹剧便是假小子乔（Jo）和被宠坏的艾米（Amy）之间的争斗。乔和姐姐梅格（Meg）被英俊的邻居劳里（Laurie）邀请去看戏，艾米则拼命地想要加入他们。乔坚持说艾米年纪太小，不许她去，于是艾米发誓要报复乔。艾米知道怎样才能戳中乔的要害——她将乔的手稿扔进火里，烧毁了手稿。发现艾米的所作所为后，乔勃然大怒，宣称自己永远不会原谅艾米。乔对妹妹艾米一直心存怨恨，直到有次乔和劳里去滑冰，艾米掉进了冰窟，差点儿被淹死。乔想到自己差点儿就失去了妹妹，便原谅了艾米的恶行。

　　我觉得，我和弟弟哈里斯（Harris）的姐弟关系对我来说是中了大奖。现在我俩的关系好极了，人人都知道，而且这种情况持续了很久，但我们也有过关系不好的时期。小时候，我和弟弟真的打过架。我们没有成天打架，但只要动起手来，哇！那就是拳打脚踢、大喊大叫。他是一个急性子的红发天蝎座，而我是一个顽固的摩羯座，永远不会承认错误，因此争斗是必然会发生的。由于我的年纪比他大，我感觉自己总是承受指责，对此感到非常伤心。我不确定是何时出现了转机，也许是在我开始向父母主张自己观点的时候，那时我大概八九岁吧？总之我明白了弟弟可以做我的盟友，而非敌人。我（或许是我俩一起）想明白了一个道理：我们联手的话会过得更自在。于是从挺小的时候起，我便有了一个"同伙"。从这段关系中，我学到了非常重要的道理——伙伴关系，并沿用至今。例如我们如何组成团队，一起从生活中得到什么

（不是物质，而是经历）。我能够看清某人自身的价值及其对我的价值（反之亦然），这种能力对我的人际关系有很大的帮助。我认为这源于自己与弟弟一起成长的经历。我还不确定是否要让我儿子有个弟弟或妹妹。要是我不再要孩子的话，那么我得给我儿子创造很多机会，让他和别的孩子待在一起，学习上述技能。

要想在友谊上获得成功，儿童还须具备一种被称为心智理论的基本技能。心智理论是指能够理解他人的心理状态（如想法、情绪和欲望），从而预测及解释行为的能力。例如，艾米丽（Emily）能够理解自己的朋友西塞尔（Cecile）是因为手中的娃娃被抢走而哭泣，自己可以去安慰西塞尔，或是帮她把娃娃拿回来。随着年龄的增长，儿童的这种心智理论会变得越来越复杂，从而丰富和完善他们的交友技能。要具备强大的心智理论技能，就需要优秀的情绪状态分析能力；而要拥有后者，又需要保持积极且亲密的联系，能够理解他人观点，并且与对方平等互利。上述种种表明，一个人对他人情绪的理解能力越强，就越有可能发展出美好的友谊。

童年时期的朋友（以及他们的相似性或差异性）为你接纳和容忍新朋友的能力奠定了终生的基础。心理治疗师（恰好也是我曾经的实习导师）安娜·赵（Anna Cho）说过："如果你从小就处于一种舒适的社交网络中，那么等将来换了环境，你就会被影响。你会受到打击，你的潜力也会倒退。"她不仅鼓励孩子们去尝试多样化的社会环境，而且希望他们到可能会觉得不舒服的环境中去。"比方说一个孩子去和自闭症患者沟通，过程会有些曲折，但这个孩子的个人能力、容忍能力以及认识水平都将得到极大的提升，这个孩子的'灰色地带'就可以接纳许多其他类型的个体和性格。"她说道。

在危机四伏、"坏女孩"盛行的初中校园，多样化的友谊还能救人一命。虽然部分女生有男性朋友，但有研究表明，在升入高中以前，同性友谊一直是常态。在《成长中的坚强女孩：青春期前培养关系的实用手册》（Growing Strong Girls: Practical Tools to Cultivate Connection in the Preteen Years）一书中，作者林赛·塞利（Lindsay Sealey）认为，应当引导女孩子远离那种情感激烈的毕生至交关系，鼓励她们加入由多个朋友组成的圈子。塞利表示，在理想状态下，女孩应该有学校里的朋友、活动或团队中的朋友、家庭中的朋友和邻里间的朋友。这样，她们不仅可以提升与不同人相处的能力，而且也不会因为和圈子里的一个朋友有矛盾，就闹得天崩地裂。

一项 2015 年的研究关注了社交网络对儿童的影响，其结果证实了塞利的观点。研究人员发现，朋友圈庞大的孩子会拥有丰富多样的经历，进而从中受益。他们大量练习了社交技能，变得更为自信。即便一些孩子存在不太理想的特质（如攻击性），他们也能受益于庞大的朋友圈，因为他们可能会从同伴那儿得到纠正性反馈。这种交流看似细微，实则意义重大。假如一个孩子爱打断别人说话,那么她可能会发现别的孩子在远离她,这样她就会试着等别人说完话。总之,交友技能就像肌肉,不断锻炼才会成长。如果你在童年时期练就了这些技能,那么它们将助你长大成人。

1998 年的一项研究表明,童年时期有朋友的人,在成年后会拥有较强的自我价值感。这项研究还发现,对于那些童年时期被同伴拒绝过或没有朋友的人,结果就没有这么明确。没有朋友的小孩更有可能成长为抑郁的大人,但无法预测他们成年后是否依然没有朋友。综上所述,就算你曾是个孤独的小孩,你也并非注定会成为一个可怜的、孤独的大人。

雷若芬(Lainey Lui)是"雷妮八卦"(Lainey Gossip)网站的创始人,The Social 脱口秀节目和 Etalk 访谈节目的主持人,以及《说出你的趣事》(What's Your Drama)播客节目的主持人之一。雷若芬曾是个孤独的小孩。她是移民家庭的独生女,小的时候经常要搬家——在这种情况下,她常常觉得自己是个局外人。"小时候我很害羞。我记得课间休息时,我通常只想独处。学校旁边有一片草地,我就会想象草地上出现了很多东西,自己去扮演各种角色。那时,我特别爱看中文肥皂剧,我会唱中文歌给自己听,并且去还原最喜欢的电视剧情节。"

孤独的童年导致雷若芬在年轻时缺少了一些交友技能。她说,从十几岁到 20 岁出头,她都不知道如何当一个优秀的支持型朋友。"我以前是一个差劲的朋友,只能通过失去友谊来弄清自己犯了哪些错。"渐渐地,雷若芬意识到:关键点不在于不能犯错,而是要学会去面对错误,去弥补错误,最后从中吸取教训。"作为一个曾经不善经营友谊、童年很孤僻的人,我已经非常幸运了。我有特别棒的朋友。"

坚实的童年友谊可以为你的一生种下期待。特蕾西·摩尔(Tracy Moore)是加拿大著名日间电视节目《都市线》(CityLine)的主持人。她在幼儿园结识了人生中的第一位至交好友安德里亚(Andrea)。特蕾西不记得是谁主动的了,"但我记得我们之间的友谊发展迅速,然后就变成了那种'我俩形影不离'的牢固关系。从幼儿园到八年级,我俩年年都在同一个班级"。尽管两人的文化背景不同(安德里亚来自德国家庭,特蕾西来自牙买加家庭),但她们完美地融入了彼此的生活——两个女生都勤奋好学,各自家庭的关系也很融洽。"她的家人从一开始就接纳了我。我天天都去她家。安德里亚也天天都来我家。我和他们一起出去旅行。我们亲密无间!"尽管两人上了不同的高中,但她们依然保持联系。她们不约而同地申请了蒙特利尔的麦吉尔大学,且均被该校录取。发现彼此都要去蒙特利尔之后,她俩决定一起租房:"一间有蟑螂出没的地下室公寓,位于美丽的松林大道(Avenue des Pins)上。"

如今,两人都已结婚,且各自有了两个孩子,但她们仍是密友。特蕾西说,"我十分珍惜与安德里亚的友谊。不仅仅是因为我们的回忆,毕竟我也曾忍痛割舍一些充满回忆的友谊。这段友谊的美妙之处在于，我们既拥有共同的回忆，又共享属于当下现实的联结，这点非常重要。"

如果你有从出生起就认识的朋友，那么你们会更愿意承担彼此的风险。我曾与前同事克里斯尔·林（Chriselle Lim）进行过交谈。她现在是儿童保育服务公司 Bümo 的联合创始人兼首席营销官（CMO），同时她还是位颇具影响力的生活类网络红人。克里斯尔一出生就结识了她的至交好友，因为两人的母亲便是至交。克里斯尔说：

> 你要是去查"至交好友"的定义，就会弹出勒奈特（Lynette）的照片，因为她能满足你对至交好友的所有期待。我则完全相反，我是个事业狂。并不是说事业狂就没法成为优秀的朋友，但不幸的是，对于那些一心扑在事业和家庭上的人来说，忘记外界的事物似乎是自然而然的。勒奈特总会点醒我，例如"你现在是个很差劲的朋友"，她一直超级坦率。比方说，我特别不擅长给朋友过生日。每一年，她都知道我会忘记她的生日。她就会打电话提醒我，两周后是她的生日。她还会让我专门把那一天留给她，让我制订全天的计划，而且不许我的助理代劳。

因为两人是相识多年的密友，所以克里斯尔会真诚地接受勒奈特的批评，并没有感到抵触。在勒奈特的帮助下，克里斯尔明白了自己对友谊的忽视（并非出于恶意，而是因为醉心于工作）是会带来风险的。"我亏欠朋友们太多，尤其是我的至交好友，但她一直都那么好，她会说：'我原谅你，不过你得有所长进。我真心觉得只有童年的朋友才会这么做。'"

一项于 2019 年发表在《儿童发展》（Childhood Development）的研究发现，女性恋爱满意度的最佳预测指标是青春期的稳固女性友谊。在这样的友谊中，女孩子学到了魄力、社交能力、亲密感和稳定性。这挺有道理的：青少年之间的恋情很少能长久，更别提和睦了，友谊却可以持续多年。你那些从友谊中学到的情绪知识，为什么没用在恋爱上呢？你现在的恋情中总是出现同样的问题吗？或许你应该踏上回忆之旅，看看是否能学到点什么。

青春期的友谊并非都那么美好。在很多情况下，它们其实是人生中最紧张的关系。德格斯-怀特跟我说过："在自我定义的阶段，我们会利用朋友来定义自己。"不过，就像我们与兄弟姐妹的相处经历一样，即使青春期的友谊时有风浪，这种冲突也极大地促进了我们的成长。

和我那个年代不同，现在的青少年还得应对科技带给友谊的额外挑战。在学校或者活动中，他们要跟朋友相处，而短信和社交媒体的存在，导致他们和朋友的沟通几乎没有间断（至少是在父母允许的范围内）。对青少年来说，"相处"的时间太久了，却没有足够的喘息之机来处理这个时期的情绪起伏。远距离的线上交流意味着在和朋友沟通时，青少年常常缺少身体语言和细节暗示，而这些是面对面交流中必备的。当你通过发短信来开朋友的玩笑时，你看不到她的表情，不知道她能否理解你的意图。线上交流中的误解几乎是无解的。在《大失联》（The Big Disconnect）一书中，临床心理学家凯瑟琳·斯坦纳－阿代尔（Catherine Steiner-Adair）说道："人类特别擅长于解读社会线索。毋庸置疑，现在的孩子错失了一些非常关键的社交技能。从某种程度上看，短信交流和线上交流的问题，不在于它们造成了非语言沟通的学习障碍，而在于它们创造了一个非语言沟通的障碍性环境，导致身体语言、面部表情，甚至是最细微的声音反应都消失了。"哦，对了，表情符号是不管用的。

我和一位朋友的女儿讨论过这方面的问题。13岁的艾拉（Ella）讲述了发生在她朋友圈里的事情："有些女生在学校对你超级友好，但在网络上，她们的态度就没那么好了。"艾拉还敏锐地察觉到，信息会在网上迅速传播。当我问她会如何应对网上的无礼言论或下流玩笑时，她说："我不会转告给一大帮人，因为我觉得流言就是这么来的。他们可能没有意识到，自己的玩笑冒犯或是伤害到了他人，因此我可能会直接找他们谈谈。"

一般认为，社交媒体促进了人们的相互比较，引发了焦虑和不满的情绪。斯坦纳－阿代尔指出："女孩子更常被教导，要去跟其他人进行比较,特别是跟别的女孩子比较,从而形成关于自己的认知。因此,相互比较所造成的负面影响更容易伤害到女孩子。"最近,艾拉就发现自己的一位发小掉进了这个陷阱里:

她总说一些不合时宜的话,一般人不会这样讲话。然后,从这个学年开始,她还会说我们学校的同学不好看,不应该在照片墙 App 上发布某些动态。我的另一位朋友也注意到了这件事。我拿定了主意:无论是她那样的行为,心中的那些观点,还是认可那种行为的态度,都让我不想再和她待在一起了。于是,我缩减了跟她相处的时间。我不想伤了她的心,所以就慢慢地减少了相处时间。今年我们不在同一个班里,因此我们相处的时间本就不像以前那么多了。

还有一个好办法,就是去审视你童年时期受到影响的那些友谊。确切地说,你的父母为你树立了怎样的友谊榜样?在很多事情上,父母都是子女行为的榜样,对子女产生了或好或坏的巨大影响,在友谊上也是如此。你的父母擅长社交吗?他们是否经常外出交际,或是经常在家招待客人呢?他们是不爱交际的逃避型人格吗?你的母亲是否有一位如亲姐妹般的至交好友?你的父亲是否有一群好哥们?这些因素都会影响到你对自己友谊的看法,以及你在友谊中扮演的角色。因此,你需要回顾过去,摘出那些真正与现在的你产生共鸣的行为,将之区别于那些仅仅因为彼此离得近而影响了你的行为。或许在小的时候,你认识到了招待客人或是做个优秀女主人的价值;成年之后,你也像母亲一样对此热情满满,于是延续了这种做法。又或许,你并不喜欢这类社交活动,只是在强迫自己适应它,因为你从小就养成了这样的习惯,也从未提出过质疑。

即便你的父母没有直接向你示范如何与朋友相处,他们的行为也可能深深地影响了现在你与朋友的相处方式。在我的好友桑尼·哈瑟尔布林(Sunny Hasselbring)的记忆中,当她的母亲与家里的其他女性(桑尼还有5个姐妹)发生冲突时,她母亲是这样应对的:

> 在我这一生中,每当妈妈跟我的姐妹有矛盾时,她就会找我,而不是去找我姐妹本人。我觉得,这是我在成长过程中真正学到的东西,而且这是女性特有的。我的丈夫有两个兄弟,他们之间就从来不这么做。他们会直接跟对方谈。我都不知道还可以这样。于是,在我自己的友谊中,我也会跟别的朋友谈论某个朋友,希望通过这种间接的方式来解决问题。但要是遇到了大问题,这个方法绝对行不通,绝对的。

❀ 我该怎么做？

无论正处于人生的哪个阶段，你都应该花些时间去审视童年时期的交友模式，从而获取宝贵的信息：是什么促成了你当前的人际关系，又是什么导致了你当前的行为。弄清自己的经历和家庭给潜意识造成了怎样的影响之后，你就可以更加清醒地决定自己想成为什么样的人，以及该如何对待生命中那些重要的人。作为父母，你应该思考如何用自己的友谊给孩子树立榜样。你希望向自己的孩子展示怎样的友谊呢？要知道，你和朋友间的互动不仅会影响到你自己，而且能够预示孩子未来的友谊。

现在请你试一试：

（1）写出关于重要童年友谊的所有记忆，无论好坏。在你当前的友谊中，是否出现了童年的行为模式呢？

（2）小时候，你的父母或是对你有深远影响的大人是如何与人交际的？你现在的行为和他们是否相似？在你当前的友谊中，是否出现了他们的行为模式呢？

我得确保,我们都在保护自己的传统。因为像我这样出生于加拿大的华裔(Canadian-born Chinese, CBC),都成长在由白人主导的文化中——我不想失去自己的集体认同感。食物是其中重要的一环。在亚洲文化中,食物是身份认同的关键。我们要跟朋友一起出去吃饭,还要按我们自己的方式来吃。你懂的,按照西方的标准,这种用餐方式太过随意、吵闹,但我们觉得很正常。我的西方朋友可能会觉得这样很不礼貌:吃饭时,我们会发出一些声音,还会吸溜食物。但如果我是跟亚洲朋友一起吃饭,那我们绝对快活极了。比方说,我们聚在一起,吃西方人不太喜欢的食物,感觉就会非常棒。我们好像有了个小秘密。他们真是太傻了,居然不爱吃鸡爪。你懂吗?

雷若芬
关于华裔加拿大人的共同经历的重要性

第四章

良好友谊的标志

> 想跟你同乘豪车的人有很多，但你想要的是那个在豪车抛锚后还愿意跟你一起坐公交的人。
>
> ——奥普拉·温弗瑞（Oprah Winfrey）

最近我总听到别人说"有毒"这个词。"我要把一切有毒的人都赶出我的生活。""她有毒。""他有毒。""她真是个糟糕的朋友。"但是，如果你想得到真正的友谊，让双方都受益，你就应该明白：这不是自己或对方一个人的事。关键在于你们两个人的关系是否出了问题，而不在于对方是否有毒。（此处不包括那种公认的恶毒之人，我说的是平常的普通友谊。）对了，反之亦然。你也会听到别人说某个人是"绝佳的朋友"，或者说自己是"优秀的朋友"。

上述两种极端情况都不可能静态不变地存在。一个跟你有矛盾的人或许跟别的朋友非常合得来。其原因在于，友谊是两个人之间的关系，而这种关系可以是有毒的、糟糕的，或者是美好的。两个人（或更多人）之间的动态变化和行为举止构成了这种关系。因此，如果你想要剖析一段优秀的友谊，首先就不能只关注对方或者你自己，而是要关注你们两人之间的动态变化。哪些方面合得来，哪些方面合不来？要是你发现自己开始罗列某人做得差劲的理由，那么你就抓错了重点。你必须从关系的层面来理解问题，这样才能决定是要修复这段关系，还是要放弃它。剖析两个人之间的关系不等于把其中一人当作静态的实体来评判，这一点常被误解。我自己以及身边的人都因为这种误解而闹出过矛盾。弄清这一点后，你就能够真正地为自己做主和负责，发掘自身的能量。借用我父亲的话就是，"承担百分之百的责任，就有百分之百的自由。"

从表面上看，如果一段友谊出了问题，就会出现明显的征兆。但通常情况下，各种迹象早就存在了，而这就涉及了自我意识。你会有一种感觉，会微微地焦虑；一开始只是小问题，但如果不多加关注，就会愈演愈烈。换言之，在这段关系中，你需要留意的不是你的行为，而是你的感受。你可能会有很细微或很强烈的感受，这取决于不同的情况。越是缺乏自我意识，越是不注意或忽视这些感受，它们就会变得越强烈，最终给友谊以重创。

苏珊娜·德格斯-怀特是《永远是朋友》的作者之一，我与她探讨过糟糕的友谊是什么样的。她的答案很简单："你了解自己,然后你发现不喜欢自己在这段关系中的行为或感受。"这让我深受启发,因为她把问题重新聚焦于自我认识上:什么让你感觉很好,什么让你感觉不好;什么是你可以接受的,什么是你不能接受的。如果你不清楚这些,或是有意识地压抑自己心中的某一部分以取悦他人,那么你就很容易陷入那种付出远多于收获的友谊中,或是满足于友谊的长久,浑然不知这些友谊已经不是自己主动的选择,而开始变为坏习惯了。

  这让我想起自己在蒙特利尔上大学的经历。那时,我和一位非常有趣的多伦多女孩成了朋友。我们的友谊迅速升温,成天出去玩儿,经常在酒吧和俱乐部玩到通宵,第二天再一起逃课。这样的状态大约持续了一年,直到有一天醒来后,我觉得自己玩够了。我落下了很多功课(我平生第一次得到这么低的平均学分绩点),感觉糟透了。当我把自己要改过自新的计划告诉这位朋友时,我能感觉到她不太高兴。我试图说服她跟我一起减少玩乐,却遭到了强烈的抵触。由于我当时是个刚到这座城市的大学新生,我不敢明确表达自己的立场。我仍旧跟她出去玩儿,但我的兴致大减。我不断地和她提起转变的想法,而她一直拒绝。然而,我受不了这种感受了——我受够了外出玩乐,也受够了因被迫做不想做的事而产生的严重焦虑。这不是我本来的样子。我决定跟她彻底断绝关系。等到这么做了以后,我长舒了一口气。太好了。可是，真正的问题在于，当时我将她视为有毒的朋友，自己却完全没有对这段关系负责，我认定了问题全在她。之后的几个月里，我还到处说她的坏话，从而推卸自己的责任。这么多年过去了，我终于明白自己当初弄错了，并且还错过了一个真正的成长机会。的确，她是玩乐活动的始作俑者，但我也非常积极地参与了（至少是在一段时间里）。她满足了我怎样的需求？我有什么地方深深吸引了她？现在回想起来，她当时有很多朋友，但只有我会每天晚上都跟她出去玩儿。没人不让我待在家里做作业。我们之间的关系出了问题。我真希望当初的自己能够想想那段友谊的迷人之处，并且思考自己为何没有想办法去改变，而是选择了断绝关系，把所有责任都推给了昔日的朋友。这段经历本可以为我其他人际关系的发展提供很大帮助的。

你可能会想：好吧，我都 37 岁了，已经过了去俱乐部玩儿的年纪了。这个对我不适用。的确，这是一个具体的案例，展示了一段有明显问题的关系，但要是忽略细节的话，这样的行为其实经常发生在朋友之间。你看到了朋友的来电提示，却没有接电话，并为此感到焦虑，这种情况发生过多少次？你被朋友的某种重复性行为弄得心烦意乱，却什么都不说，这种情况发生过多少次？你觉得朋友忽视或者误解了自己，却总是忍气吞声，这种情况又发生过多少次？心里好受吗？不好受。我们却一直这么受着。我们没有倾听自己的心声，不敢采取行动,或者懒得去管。结果,我们都伤害到了自己和友谊。

世界上没有两个相同的人,更没有两段相同的友谊,所以,也不存在通用的友谊模式。不过,优秀的友谊都存在不容置疑的、共通的支柱——在我看来,要建立让双方都受益的健康关系,这些支柱是必不可少的。更进一步地说,一段关系哪怕只是缺少了其中的一根支柱,都会让你更加费力劳心。因此,当务之急是你要了解这些支柱,并对自己目前的友谊进行批判性分析。你须知道哪些是适合你的,哪些未达到要求。

优秀的友谊是什么样的?这可远不止是"碰巧和谁待了一会儿"那么简单。亚里士多德称其为"偶然的友谊",并认为这样的友谊通常不会长久。他将基于选择和相互尊重的友谊称为"德性的友谊",认为这样的友谊能够长期发展。稳固的友谊需要正直、体贴以及亲和友善的品格。别急着评价你的朋友,先审视一下自己。罗马哲学家西塞罗(Cicero)在《论友谊》(How to Be a Friend)一书中指出,好人之间才会存在真正的友情。如果我们能对自己的行为负责,并且把"成为优秀的朋友"放在首位,就更有可能收获醇厚的友谊。亲密的友谊并非总是一帆风顺的。真正稳固的关系能够经受住矛盾、分歧甚至是分别的考验。心理学家称其为破裂与修复理论。该理论是一切健康关系的精髓(本章有关于该理论的详细讨论,请见后文)。

女性几乎没有得到任何关于处理冲突的锻炼。事实上，大多数女性都在逃避冲突。她们压抑自己的情绪，拼命维持现状。可惜，她们会因此而变得麻木。久而久之，这种麻木会导致她们对他人漠不关心，使友谊变得越来越不真诚。这种不真诚损害了友谊的重要基础，因为她们只是暂时避免了不适，最终却会破坏友谊。我这里说的"破坏"，不是指轰轰烈烈地绝交，而是指下意识地接受平淡的友谊。与之相对的是有意识地争取美好的友谊。弄清楚你对自己和朋友应有的期待，你就会知道哪些友谊值得关注，哪些需要舍弃。

通过前文，我们已经知道了，友谊是无价之宝；为了获得优秀的朋友，并且让自己成为优秀的朋友，我们要做自己的至交。可是，我们要怎么样才能知道优秀的友谊是什么样的呢？我们是直接接纳身边最常出现的那些人（同事、同学、伴侣的朋友），把他们算作自己的亲密伙伴吗？还是说换个思路，跟朋友一有摩擦就绝交？朋友应该无条件地支持我们吗？朋友应该随叫随到吗？

正如我在第一章中所说，每位朋友都会激发我们不同的内在潜能——显然，他们都展示了各自独特的性格。交友的方式也有很多种——这一点将在第六章进行深入探讨。但是，就优秀的友谊而言，是否存在一些品质是我们期待从朋友身上看到的，并且也应当展现给朋友的？没错，朋友们，存在的。只有具备了以下的品质，一段友谊才会变得美好。如果缺失了其中的一部分，说明这段友谊可能是刚刚开始，或是不够亲密。但有些品质是一切友谊都必须具备的。

积极

看似理所当然，对吧？我们都希望身边的人能让我们心情愉快。但我喜欢分析事物，所以会对积极这个词感到不爽。（哎呀！这说明了什么呢？）我天生热爱批判性思考。此外，在我的友谊中，发泄对生活的不满是一个重要的部分。这是否意味着我注定是个糟糕的朋友？

莎思塔·尼尔森是《亲密友谊》(Frientimacy) 一书的作者，我请她解释了什么是友谊中的积极面。她说，这并不代表要永远阳光灿烂，彩虹满天。对于友谊而言，积极面指的是一切能带来好心情的行为，可以是倾听、表达共鸣，或是赞美和表扬。大笑是一种最有力的积极形式。

可我还有个习惯，就是要花不少时间来发牢骚，这该怎么办呢？在回顾自己的友谊时，我意识到自己花了些时间，好吧，是很多时间，用来与朋友无休止地唠叨前任上司、前任男朋友、现任男朋友、亲密的女性友人，等等。更糟糕的是，我记不清每次闲聊的细节，却清晰地记得当时的心情有多好。我会不会一直都是个非常糟糕的朋友？

"这并不是说要保持积极向上的态度。"尼尔森对我说，

"不是说不能谈论消极的事物，也不是不能去抱怨，而是要保证最后大家都有好心情。这个区别非常重要。我们不希望在聊天之后，对方感到他们被批判或是被排斥了。因此，积极就是要确保朋友之间喜欢彼此的陪伴，并且在相处的时候心情愉快。"

哎哟，太好了。可我要是搞砸了呢？要是我无意中把朋友惹得不高兴了怎么办？在所有的人际关系中，我们都要保持一种"神奇的比例"，这样才会有好心情。"每产生一次消极的情绪，都需要有 5 次积极的情绪与之相对。"尼尔森说。

说到友谊中更明显的积极形式，没有哪个比幽默的效果更好。而且，不是什么样的幽默都行，得是你和朋友都感兴趣的幽默类型。我们都有过这样的经历：和一个不停讲笑话的人待在一起，我们却只能假笑一整晚，被折腾得筋疲力尽。但如果你是和一个笑点相同的人共处呢？你们之间会产生奇妙的化学反应。在一篇为"蓝区"网站（Bluezones.com）撰写的文章中，维韦克·穆尔蒂解释说，大笑会导致身体分泌内啡肽，使我们更加放松。"幽默使得笑点相同的人之间形成了强有力的纽带。这是一种共同的立场。"

由衷的积极的朋友是非常难能可贵的。埃莉斯·罗南这样描述自己的一段最长久的友谊："我习惯于过度分析。我们俩都有这种消极的倾向，但她总能说，'让我们把事情弄得有趣点儿。'她是如此出人意料，并且能以非常独特的方式逗我开心。她把事情变得很轻松,使我振奋起来。她不会任由我消沉下去。她并不会否定我的感受,但她有办法让我振作起来,走出消极的情绪。"

就如同伟大的玛雅·安吉罗(Maya Angelou)[①]所说:"我发现,人们会忘记你说过的话,人们会忘记你做过的事,但人们永远不会忘记你带给他们的感受。"

持续

要想友谊长青,就得细心呵护。如果你不努力地去保持与朋友之间的联系,你们就会变得疏远。此外,在居家隔离期间,我还懂得了一个道理:即使不跟自己的社交圈子待在一个屋里,我们之间也能保持联系。

假如你跟一位朋友6个月才见一次面,那么在聚会的时候,你们很可能把所有时间都用于了解彼此的近况。孩子们最近好吗?你还在之前的岗位上吗?我看到你在社交媒体上分享的照片了,那次旅行如何?你的爱人还在参加铁人三项比赛吗?有这种交流基础信息的想法是很正常的。在接下来的6个月里,假如你又没有和这位朋友碰面,那么你们下次的叙旧可能还会是这样的。或许你们俩能接受这种形式;又

[①] 美国著名非裔女诗人,曾于2011年获得美国"总统自由勋章"。——译者注

或许在那一刻，你朋友真正在意的是她对自己母亲身体状况的想法，或者是她对自己现在事业的迷茫。如果不能更频繁、更持续地维系，你就没法了解更深层次的情况。要是能够更频繁地与朋友见面，你就不需要把所有时间都用于交流基本情况，因为你们都知道彼此的近况，你们可以开展更深入的谈话，讨论自己真正在意的话题。

海琳·科诺-科恩（Helene Corneau-Cohen）是我的一位比较新的朋友。在一场活动中，我第一次遇见了她，我们几乎是立即就被彼此吸引。我俩都是加拿大人，都喜爱时尚；事后还发现，我们两人的家只相隔一个街区。这在洛杉矶是很难得的。海琳在成年之后经常搬家。逐渐了解她以后，我知道她会把建立和保持新的人际关系看得非常重。当我问起维系优秀友谊的秘诀时，她答道：

> 我想也许是坦率——在友谊中你可以展现另一种坦率，因为与恋爱相比，你对（友谊中的）另一方负有不一样的义务。稳定的恋爱关系（伴随着丈夫和家庭）会给你以责任的压力，而友谊则不会，友谊会给你一种存在于柏拉图式关系中的自由——这种自由能够让你通过友谊发现自己的另一面。或许你可以表现得更加脆弱，因为你需要承受的直接压力或直接责任更少。但也有负面效果：由于在友谊中承担的责任更少，人们容易变得

自满。承诺,或应该说是缺乏承诺,实在是当今友谊的灾难。真正美好的友谊能够在自由与承诺之间取得平衡。

脆弱

这是友谊中最困难、最重要的一部分,也是我经常纠结的一点。在大多数的人际关系中,我扮演的都是"巨石强森"①一样坚强可靠的角色。

当朋友遇到困难的时候,我是她们可以依靠的人。当她们碰上时间紧迫的大事,需要他人的重要忠告时,我就是她们的好姐妹。这样的角色让我感到非常自豪,但随之而来的是诸多隔阂。既然我是负责解决问题的人,那我怎么能示"弱"呢?这不就毁了我的友谊口碑吗?但实际上,如果我遮掩了自己的真实面目,那也就没什么友谊口碑可言了。我还想明确一点:在朋友面前,我当然有过非常情绪化的时刻,那是在出大事的时候(死亡、分手——拜托,我又不是机器人),但我想说的不是这种情况。我想说的是分享更轻、更微妙的恐惧感与不安感,其中涉及你的自我认知,你的发展道路,以及你面临的抉择。

---

① 原名道恩·强森(Dwayne Johnson),美国知名演员,以硬汉形象著称。——译者注

建立亲密关系的过程就是看见与被看见的过程。如果不展示自己脆弱的一面,那么相处的时间再长也无济于事。正视自己对恐惧感的恐惧,这绝对是你能为自己和朋友做出的一大贡献。

我们都是荒唐的混合体,糅合了魅力、嫉妒、同情心和坏心情(至少包括这些)。如果你认识一个人,她从未卸下心防,从不承认自己犯过错或搞砸过事情,从不示弱,那么她就不是你的朋友。你或许喜欢她,但你没法跟这类人拉近关系。这个道理对你自己同样适用。

如果我们发现朋友能够理解我们的缺点,或是可能有同样的缺点,我们的心情就会更好。假如一位母亲跟我说,她觉得自己是个废物,因为她骂了自己的孩子,我就会产生共鸣,因为我有过类似的经历。此外,由于我知道她是个好人,我也会对自己更自信些。我们能够惺惺相惜。

展示自己的情感需要勇气,但不代表谁都可以近距离围观你的情感生活。一定要选择那些努力争取你的友谊的朋友作为你最常倾诉的对象。

信任

要想在朋友面前展现自己的脆弱,我们必须先建立起相互的信任。

通过观察朋友谈论他人的方式,你就能估摸出她是否可靠。关于你们共同朋友的八卦大多是从她那儿听来的吗?如果是这样的话,那么她们大概也知道你的八卦。

要想让自己变得更加可靠,我们可以当一个善于倾听的人:在朋友遇到困难的时候,同情并支持她们,并且关注她们取得的成功。总的来说,就是给予充满关怀的回应。

信任的建立不仅需要保守秘密,还需要采取行动。优秀的朋友应该是能够给你依靠的人——给你提供帮助,践行她的诺言,最重要的是一心为你着想。这不代表朋友就得随时待命,但优秀的朋友应当保护你。

平衡

优秀的友谊需要找到平衡。就是说,双方要对两人的友谊有相同的期待。假如我每次都要给你发4条消息,你才会回复1次,那我们就不同步了。假如我的朋友每周都来约我一起喝咖啡,而我只想一个月见她一回,她就会认为我在躲着她。在《亚里士多德的答案》中,马西莫·匹格里奇写道:"你可能会爱上一个人,而对方的感情跟你的感情不对等,这很正常;但要是说哪个人有一段不对等的友谊,那就说不通了。"这个领域是女性友谊中的一大挑战。在恋爱关系中,最多进行5次约会,你的心中就会形成对另一方的期待。在友谊之中,找到适合双方的频率和强度是很重要的,这样才能让两个人都觉得满意。如果没有达到平衡,一方就很容易觉得受了冷落,或是感到窒息。

我的朋友安妮(Anne)对我讲述了她的一段不平衡的友谊,还说她在事后才明白这一点。上过普拉提课程之后,安妮会留下来和自己的教练闲聊,有时能聊上好几个小时。她们聊得热烈且亲密。安妮会把衣服(包括自己的婚纱)借给这位教练去参加活动;当有多余的戏剧票时,她会邀请教练一起去看戏;她们还会在照片墙上相互点赞。这样的关系持续了好几年。和大多数普拉提工作室一样,安妮去的那家收费也很高昂。为了控制开支,安妮最终决定自己在家锻炼,因此就不再去上课了。后来,安妮从照片墙上得知了这位教练的婚礼,感觉有如晴天霹雳。"我跟丈夫说:'哎,所以我们并不是真正的朋友。'他却看着我说:'啊,本来就不是啊。她只是你的普拉提教练。'仿佛这件事情再明白不过了。说实话,我很伤心,但我并不生气。我意识到自己误解了这段关系。她喜欢我,但我和她并不是我以为的亲密朋友。我们两人处于截然不同的友谊之中。"

或许应该给新友谊配上合同。我的朋友杰特·米勒是这么想的。她不是真的要你给新朋友寄一份文件。她是希望能够通过沟通来确定一段友谊在自己生活中的存在方式。"假如你遇到一个人,与这个人一见如故,而且你觉得对方也想和你建立亲密关系,那么我认为你们应该这样沟通:'哦,我要是住在城市的那一边就好了,可惜这里有我天天要见的朋友。不过,我们俩每周能见上一次,也挺棒的。'"我非常喜欢她这个想法:让朋友知道(当然,要用恰当的措辞)你当前的承受能力。

界限

在《勇气的力量》(Rising Strong)一书中,布芮尼·布朗将界限简单地定义为能接受的范围和不能接受的范围。美国的文化没有教我们(特别是女性)如何设定自己的界限。从小到大,女性都被教导要迁就他人、讨好他人、照顾到所有人的情绪。但当别人做了让我们不高兴的事时,我们仍然会在意。然而,这种压抑一切消极情绪的文化习俗会让我们心生怨恨。布朗还说,如果你换个思维模式,假设大家都尽力了,就可以摆脱这种怨恨。但即便像这样宽容大度,你还是要主动设定并保持界限。

由于在意的事物不同,人们的界限会有所不同。但是,有一些许多人都在意的共同界限,却时常遭到侵犯。

时间:现如今,还有什么比时间更宝贵呢?我们急急忙忙地做完一项又一项任务,试图完成不可能完成的任务清单。因此,如果一位朋友总是迟到,她就不只是讨人厌那么简单了。

大家都有碰到突发情况的时候,但你要是有位朋友总是迟到15或20分钟,那么你就会明白她是如何看待你的时间的。

价值观:有背景不同、信仰不同的朋友是件好事——借此机会,我们能够学会共情,健全人格。但要是有位朋友不尊重你的价值观,那么你就得重新思考这段友谊了。请注意,我说的不是赞同你的价值观。二者的区别是很大的。或许你不信教,但你有位朋友每周都去教堂做礼拜。假如她再三邀请你同去,你就得思考她是否尊重你的想法。同理,假如你无法尊重某人的价值观(例如,他们投票支持了你谴责的人),那么你们俩就做不成密友。

你(还有朋友们)可以说实话

我们想让朋友成为自己的粉丝。如果身边的人会被我们的笑话逗乐,认为我们的观点趣味无穷,并且觉得跟我们在一起通常很愉快,那么我们的感觉就棒极了。但这并不意味着朋友都得是"好好女士"。亲密的朋友应该给彼此足够的信任,才能做到坦诚。

朋友之间的坦诚不是没完没了地发表意见。假如你做什么都会被某位朋友评头论足,那么她在你心中的地位就该降降级了。但如果有位朋友计划搬去蒙特利尔,和她上个月在网上认识的男性住在一起,然后她就这件事来询问你意见,这时你就该放心大胆地跟她直说。当然，你得尽可能温和、友善地告诉她：这个主意糟透了。其实，要想委婉地告诉朋友她们的计划很烂，做到这一点并不困难。你可以提出些问题，比如："你觉得，生活在只认识他一个人的城市里会是什么样的感觉？"或者，"在那边，你能工作吗？"又或者，"假如这段恋情没有结果，你有想好之后的计划吗？"

同理，你要是去询问朋友的建议，那你就得做好心理准备，去倾听她的真实想法，而不是只听你想听到的内容。我很欣赏杰特处理上述两种情况的方法。如果她想知道朋友的意见，她就会明确地说："跟我直说吧。"或者，"我真的想听听你的意见。"这样她的朋友就会明白，此刻她们可以说实话。如果杰特自己想说实话，她就会明确地问朋友："你想听我的建议吗？"而不是直接开始慷慨陈词。

关于这一点，我咨询了儿童心理学家安娜·赵。她告诉我："我认为，如果你有自己的观点，并且有试着将其表达出来的机会，那么你可以强迫自己重复多次，每次一点点地说出来。这样你就不会一口气全说完。有些人更擅长这类循序渐进的交流，还有些人则容易在情绪上走极端。我认为这都与他们的自我认知有关。"

在我的人生中，我有幸与许多男性建立了健康的柏拉图式关系，我还发现了男性友谊的一个明显特征。就我的经验而言，在男性的一生中，他们会拥有更少但更长久的友谊。

我弟弟的绝大部分朋友以及我自己的男性朋友，都还跟自己儿时的朋友保持着紧密的联系（他们留给新人的候补席位非常少）。德格斯-怀特对自己的儿子也有类似的评价。"在我认识的所有人中，他是跟自己的高中、大学和初中好友的关系最亲密的。他已经当了3次伴郎了！"

如果所有朋友的政见、职业和性情都跟我们自己非常类似，那我们就很容易被友谊封闭，这样可能导致我们无法再容忍小的摩擦。赵告诉我："假如对方跟你一模一样，那你们之间就不会发生什么新鲜事。除非出现了波折，不然你们的友谊会索然无味。"要想让友谊充满生机，我们就得在双方保持诚实的基础上容许一定的波折存在。

男性友谊总是显得很简洁。他们知道接下来会发生什么，内心也非常自在。就好像他们之间有暗语一样。虽然我不会拿自己的生死之交去换取世界上的任何事物（细腻、复杂、戏剧性等），但是男性友谊中确有值得留意的地方：他们的坦诚，他们直截了当的话语。确切地说，从我弟弟和他朋友的相处中，以及我与我的男性朋友之间的相处中，我发现了他们会用简单、直接和高效的方式来解决友谊中的冲突和挑战。要是出现了问题，他们就会去处理。整个过程差不多是这样的：

问题是这样的。我是这么想的。我们该怎么办？

就这么简单。

回想起来,在跟男性朋友沟通冲突问题的时候,就连我自己都会变得坦率和直接很多。通常情况下,如果我跟自己的男性朋友有矛盾,我会毫不犹豫地去找他。换作是我的女性朋友……嗯,那就很复杂了。为什么会这样呢?

我询问赵这种现象的成因。她回答说:

我觉得,男孩子们的身体活动让他们之间的联系更直接和明确。他们和自己的身体建立了联系,并通过自己的身体获得成长。他们从活动规则中学习。女孩子们则更少接触使用身体进行的表达,也更少接触自己的身体。她们自我的确立可能发生在换装游戏或过家家的过程中,但不太可能是在了解自己身体的过程中。我认为,如果小孩子能够真正地了解自己的身体,他们就会发生一些变化。如果你从小就了解自己的身体,你就会跟自己的愿望和需求建立具体的联系。

尽管我不想给任何事物赋予特定的性别角色(gender role),毕竟性别在变得愈发流动,但有趣的是,男性在很小的时候就跟自己的身体建立了(或是经社会化建立了)牢固的联系。这种联系还有可能影响他们在人际关系中的沟通方式。

破裂与修复

对我来说,这是友谊中最重要的概念之一——也是许多女性在逃避的概念。破裂与修复是一个经典的心理治疗术语,治疗师凯伦·克尼格(Karen Koenig)是这样描述它的:

> 破裂与修复是一个常用的临床用语,指的是治疗关系出现裂痕,之后关系得到了恢复并积极地延续了下去。破裂的原因可能是:治疗师和客户之间出现了明显的分歧,客户因治疗师说过的话、做过的事、没说的话或没做的事而陷入了消极情绪,或是其他破坏了友好平衡状态的事件。客户和治疗师无须避开这种动态变化。事实上,他们都应当欣然地接受这种情况,因为这证明了他们之间的联系与纽带的强度。

这个概念似乎也适用于友谊。如果你和某人维持着长期的友谊,不论这段友谊重要与否,冲突是一定会出现的。这是事实。你不可能和某人相处了一辈子却从未遭遇困境——只要这是一段真正的友谊。但不幸的是,包括我在内的许多人都在逃避问题,从而维持关系的和谐。然而,这么做是在欺骗关系中的所有人。假如出了问题却不去处理,你就是在拒绝表达自己,并且扼杀了这段关系。如果你能面对冲突(即破裂)并努力地修复它,你就尊重了自己、对方,以及这段关系,这一举动会促进成长、增加彼此的爱意。

安妮塔·查克拉巴蒂(Anita Chakrabarti)是我很熟悉的一位精神病学家。她一直在思考健康关系的要素。她说:

> 人与人之间的摩擦能够产生火花。友谊总是会起波折,正是这种波折给了双方在处理情绪方面的成长机会。这是友谊的一个重点——你会了解别人对这个世界的看法,并意识到他们的看法与你不同。两个朋友若是信任和喜爱彼此,就能够控制住无法避免的矛盾,从而克服敌对的情绪,共同成长,一起学习新事物。如果你的朋友很像你,那么你能向对方学习的地方就少了。因此,你可以结交跟自己一模一样或是很像的朋友;不过,要是你想要成长和学习,那还是找一些跟自己不同的朋友为好。所以说,转变和成长需要波折、差异和大量的学习,经历这些的同时还要一直保持健康的关系。这些要素让友谊变得特别、变得重要。

假如你不去处理问题,任其恶化(要么是你没有主动应对,不重视自己的感受;要么是你根本不清楚情况),那么你的友谊就会遭受不小的损害。这样的行为让你忽视了自己的感受和想法，其表现形式是你会隐隐地对这段关系感到不满或失望。这常常会引发被动攻击行为（Passive-Aggressive Behavior）：不说出自己的想法，却表现得冷漠或恼怒。同样，这也不利于你的友谊。你没有表达自己的感受，你的朋友也弄不清是哪里出了问题。最后一点就是，由于我们不爱说出自己的想法，等真正遇到问题的时候，我们就会做得过了头，反应过度。你可能会很激动，咄咄逼人，其实你不过是有些紧张。在清楚自己的感受之后，我们要学会及时地把感受坦诚地说出来，而不是被动地回应。

通过反思自己人际关系的状况，我发现自己经常回避破裂与修复。我想要改正这个错误，但当我想起待解决的具体情况时，我简直不敢相信自己会如此忐忑不安。说出自己的感受为什么这么难？我决定解决这个问题，去找一位总是迟到的朋友谈谈。她太爱迟到了，不是偶尔迟到，而是一直都迟到。每次我都会为此事恼火。事实上，这件事太让我不爽了，以至于跟她见面的前半个小时都被我用来平复内心了。对于她的迟到行为，我曾消极地评价过，也开过玩笑，当然是没什么效果的。但是这一回，我要正面处理这个问题。在去见她的路上，我的思考过程令我自己惊诧。从点火发动汽车到把车钥匙交给代客泊车的人这段时间，我一直想要淡化她的迟到问题，并尽力忽视自己的感受。一定要去没事找事吗？我不停地问自己。但是这确有其事。这件事确实影响到了我们的友谊,因此我必须说出来。当我到了餐厅时,这种感觉达到了顶峰,当然……又过了30分钟,她才到。

我简直不敢相信自己会这么紧张。现在,尽管只是写出这种感觉,我都会觉得自己有些可怜。但当时的我非常紧张。再坏能坏到哪儿去呢?可是,在这个问题刚出现的时候,我没有坦诚地提出来。避而不谈只会让一个本来挺小的问题导致情绪大爆发,而这正是我当时的感觉。时间一分一秒地过去,我把所有可能的情况都过了一遍;想到过去浪费了那么多时间,我感到自己越来越生气——这时她走了进来。我一边向她挥手打招呼,一边决定唤醒自己心中的"雄心"〔对于一些心理学爱好者来说,他又被称为阿尼姆斯(animus)〕,并说出内心的想法。我提醒自己:

> 问题是这样的。我是这么想的。
> 我们该怎么办?

> 问题是这样的。我是这么想的。
> 我们该怎么办?

> 问题是这样的。我是这么想的。
> 我们该怎么办?

于是，废话不多说，我直奔主题。"我想跟你谈谈……"我立刻得知了刚才发生的"故事"：堵车，混账上司，等等。我本可以轻轻松松地接受她给的借口，但这次我没有。

坦白说，过程很艰难。起初，在我明确表示这次不接受借口之后，气氛变得不那么温馨了。谈话中出现了很多辩解："你没有体谅我。"直到我不再讨论细节（"茶屋这顿饭你迟到了30分钟。""你太夸张了！我只迟了10分钟，我说过了，代客泊车的人不见了！"），转而开始讲述我是怎样的感受，这个问题对我来说意味着什么，以及它对我们的友谊有何种影响，谈话才迎来了转机。到了这时，我们终于讨论到了问题的实质。有趣的是，当我能够表达自己的想法以后，她也说出了几件由我引起的烦心事（不是对我的报复，而是她内心的真实想法），我们总算消除了隔阂。

总而言之，到了分别的时候，我感觉我们俩都筋疲力尽了，但都重新燃起了对这份友谊的希望，也看清了对彼此的爱。而且，我认为我明白的最重要的道理之一是：在谈话前积攒的恐惧是毫无根据的。揭开伤疤以后，我能够自然地说出自己的感受；就算进展不顺利，我觉得自己也仍然会这么做。说出自己的感受真的能给你带来力量。

我喜欢拉尔夫·沃尔多·爱默生（Ralph Waldo Emerson）关于健康摩擦的必要性的叙述（是的，他说了"男人味"，但这毕竟是100多年前的言论了）：

友谊需要在相似与差异之间找到折中的办法,这种折中十分稀有,而且会导致一方掌握权力,另一方随声附和,结果两方都落得不快……当我期望得到男人味的帮助,或者至少是男人味的反驳时,我不愿见到软弱的妥协。宁做朋友身旁的荨麻,也不做他的回声。高尚友谊的必备条件是独立于友谊的能力……不如先让友谊成为两位强大劲敌的联合,让他们凝视彼此、恐惧彼此,直到他们意识到,是深藏于个性之中的共性使他们相连。

慢慢来

从我自己的人际关系(包括友谊和恋爱)之中,我发现了一个几乎通用的规律:一段关系开始得越快,结束得也就越快。很多人会犯这样的错误:遇到一个人,觉得与其志趣相投、一见如故,接着就对这个人倾诉太多、要求太多,全都做得太过了。无论多么相见恨晚,你都得想清楚自己到底跟这位朋友认识了多久、对其有多少了解。了解他人以及让他人了解自己都不是一蹴而就的。

堪萨斯大学的传播学教授杰弗里·霍尔(Jeffrey Hall)研究了友谊以及友谊的发展过程。在一项 2018 年的研究中,霍尔让受试者持续记录自己与新朋友的亲近程度。他发现,从认识一个人发展到普通朋友需要 40—60 个小时，从普通朋友变成朋友需要 80—100 个小时，而达到至交好友需要大约 200 个小时。

如果你思考一下，自己每周在友谊上花了多少时间，那么上述数字就变得有趣了。假设你每两周花一到两个小时与一位新朋友见面。根据霍尔的研究结果，大约 10 个月以后你们才能成为关系较好的朋友。

当然，你与朋友相处的方式决定了你们最终的亲密程度。或许你已经坐在一位同事旁边几百个小时了，但如果你们说的全是客套话，"嘿，周末过得怎么样呀？"从来没有更深层次的交流，那么你们就不会觉得对方是亲密的朋友。

在接受奥普拉·温弗瑞的采访时，布朗鼓励大家："去跟那些努力争取你的友谊的人分享你的故事。"尼尔森指出，了解到脆弱的重要性之后，人们很容易忽略自己与朋友的亲密程度。"碰到几乎不认识的人，也觉得双方应该彼此分享一切，然后关系就会变亲密。不会的。做不到持续与积极，你展示脆弱的尝试就会失败。在一段关系中，真正的脆弱应该是安全的、适宜的，并且在展示出来之后，你应该会感觉很好，而不是有种宿醉般的不适感。"

❀ 我该怎么做？

紧密且持久的友谊具备一些基本特征。它们不仅能够促进新友谊的建立，而且对于个人来说也是很优秀的品质。如果你能看清自己在积极、可靠、脆弱与持续方面的水平，并努力提升它们，那么你不仅可以为友谊尽自己的一份力，而且还可以自信地向对方提出同样的要求。想一想自己最重要的友谊，然后列一张表。针对每一段友谊，判断并记录它是否符合下列要求：信任、持续、坦诚、对等、尊重界限。

列出自己的界限。如果你认为自己不需要任何界限，那么不如这样想：就算是和真心喜欢的朋友待在一起，哪些事依然会让你不爽。出现这种感觉，就基本可以证明你需要相应的界限。

假如你曾被朋友的行为惹恼，却没有说出来，那么请写出2—3次这样的经历。为什么没有把自己的困扰告诉朋友？你是否给朋友带来过困扰？后来怎么样了？

假如有朋友总会越过你的界限，那么请把这些朋友写下来，然后请扪心自问：你是否明确表达了自己的界限，还是说它们只存在于你的脑海中？反思一下，假如你觉得自己曾逾越了朋友的界限，那么请写出3—5次这样的情况。你是如何处理的？

试着从容地把你的困扰告诉朋友。如果你感觉不安，就从小事练起，再慢慢过渡到可能引发大冲突的事情。

许多年前，一位朋友向我推荐了玛莎·莱恩汉（Marsha Linehan）博士[①]的 CD，叫作《从痛苦到自由：学会接受》(*From Suffering to Freedom Through Acceptance*)。她说："安妮塔，你得听听这个，你会喜欢的。我们现在就坐下来听吧。"我们坐了下来，我清楚地记得当时是在哪里，也记得那些练习让我产生了非常强烈的共鸣。我立刻就明白了，那些练习能够帮助我更好地治疗病人。我的朋友猜到了我会爱上那些练习。她既了解我本人，也了解我的价值观和我的工作。一开始我还拒绝了她的邀请，但她好像比我更早发现了那些练习对于我的重要性。直至今日，我仍会在工作中运用那些练习；在过去的 20 年里，我经常将那些练习运用到病人、团体和形形色色的人身上。在我的职业生涯中，这是我在知识和技术上的重大转折。同时，这个共度的时刻也是我们友谊的一部分。每当我聆听那些练习，我都会想起这位朋友，想起她的善解人意、宽容大度，以及一定要我听它们的坚持。

我经常和这位朋友交谈，我俩的观点常常出现很大的分歧。我们各自都有很多想法，然后我会发现自己又在这样想：她到底在说些什么？简直一派胡言。但随后

[①] 美国心理学家、作家、辩证行为疗法（DBT）的创始人。——译者注

我就会想起,她曾经坚持让我去听莱恩汉的练习,于是我对自己说:"不对,慢着。等一下。我是信任她的。"就算她的想法仿佛来自另一个星球,我也会去认真考虑,因为从那段朋友之间的共同经历中,我明白了,我们各自的差异可以教给对方很多东西。

安妮塔·查克拉巴蒂

关于绝对信任如何加深友谊

第五章

多多不益善

> *所谓完美，不是指不能再添加别的东西了，而是指没有东西可以从其中拿掉了。*
>
> ——安托万·德·圣－埃克苏佩里
> （Antoine de Saint-ExupÉry）

在与朋友或同事交谈时，我总是会惊叹于她们每周半打的"好友活动"——周日的产前派对，周四的下班后小酌，周一的手足护理聚会。她们永远身处购买礼物或预留时间的旋涡中。说实话，光是听她们这么说，我都觉得累。这说明我是个很烂的朋友吗？为什么我不想做这些事？

在筹备本书的过程中，我灵光一闪。我在《完事指南》中指出，我们认为忙碌是当代的一种炫耀形式，其实这不过是为了粉饰由恐惧引起的超负荷规划（换言之，不想独自面对自己心中的想法，哪怕是一秒也不行）。当代还有一种类似的错误理解，就是我们认为拥有望不到头的好友名单就可以证明自己的价值。"朋友"一多，我们就会觉得自己很受欢迎，也不必去面对自己，还能逃避真正的友谊所需的亲密相处。这可不是什么好事！

这个发现成为我创作本书的一个动力。既然我们已经知道了友谊应该符合的标准，那么当友谊不达标时，我们就要采取行动了。你只能拥有几位真心朋友，不然就忙不过来了。重要的友谊会耗费大量的时间、劳动、努力和精力，因此是不可能拥有几十位朋友的。这是一道简单的数学题。可惜，社交媒体促使这道友谊数学题从基础算数变为了代数。

在个人关系之外，我们开始支持极简主义。我们从自己的物质财富中获得怦然心动的感觉（谢谢你，麻理惠[①]），让嘈杂的世界变得安静（知道了，卡尔[②]）。奇怪的是，我们并没有把极简主义的思想运用在生活中最重要的方面——我们的人际关系。少即是多，这个道理对于友谊也不例外。我们只需要建立起行动的框架。

文化评论家玛丽亚·波波娃（Maria Popova）说过："在我们生活的这个时代，'朋友'这个词已经被完全削弱了，变得几乎毫无意义——想想吧，数一下脸书上有多少被你当作

[①] 指近藤麻理惠（Marie Kondo），日本知名整理师，著有《怦然心动的人生整理魔法》一书。——译者注

[②] 指卡尔·纽波特（Cal Newport），美国作家，著有《数字极简主义：在嘈杂的世界中选择专注的生活方式》（*Digital Minimalism: Choosing a Focused Life in a Noisy World*）一书。——译者注

'朋友'的关注者。"在脸书上，每个人平均有超过300个朋友。天哪！不过说句实话，这其中的很大一部分是夏令营的朋友、5年未见的表亲、前前前任同事的大杂烩。我们会把几乎不认识的同龄人称为"朋友"；我们会把所有同事都称为"朋友"；我们误把相互欣赏当作友谊；我们还会把泛泛之交称为"朋友"，以此来抬高自己，从而谋得利益。请不要误会我的意思。待人友善是件好事，世界因此而变得更美好，我们因此变得更好。不过，我也同意波波娃的观点，我们正在削弱"友谊"一词的含义。拉尔夫·沃尔多·爱默生曾在文章中全面地叙述了友谊的价值，他对于这个现象也深有体会："我憎恶那种滥用友谊之名以彰显时髦、世俗的联盟关系的行为。"

爱默生对友谊的定义铿锵有力。他写道：友谊是为了从一切的交往，以及生与死的旅途中获得帮助和安慰。它适合平静的日子、雅致的礼物和乡间的漫步，也适合坎坷的道路与粗糙的餐食、磨难、贫穷，以及迫害……我们要尊重彼此的日常需求和人生职责，并加以勇气、智慧和团结的点缀。它决不应落入俗套和一成不变的窠臼，而应保持警觉性和创造性，为枯燥乏味的事物增添规律与道理。

不知道你会怎么想，反正我不想跟我表妹的美发师一起经历磨难。我是在表妹的婚礼上认识她的。

我们用同样的方式来称呼泛泛之交与至交好友，结果就慢慢腐蚀了自己对友谊的认知。此外，由于不知道自己应该在那么多的"朋友"身上投入多少时间和情感能量，我们还把自己逼入了困境。要是回归亚里士多德的观点，即友谊的最高形式是具有美德的友谊，我们会怎么样呢？亚里士多德对于友谊的叙述中蕴含了成长的思想；友谊的目的就是为了助人发展。

那么，我们该如何解开这个难题呢？友谊已经被社交媒体操控了。我们都知道，这些社交网络中有很多友好的人，但他们不是真正的朋友。我建议给不同类型的关系冠以更精确的称呼。通过区分"职场朋友""学校里的朋友"和"一起遛狗的朋友"，我们就能把朋友这个标签留给那些真正与我们心意相通的人。

如果想通过改善友谊来改善生活，那么我们应当看看自己实际上有多少资本。我们都知道，友谊需要呵护，不然就会变质。那么朋友的真实数量是多少呢？

牛津大学的进化生物学家罗宾·邓巴就研究过这个问题。他先是研究了黑猩猩的脑容量与其社会群体大小的关系，接着他关注了从狩猎采集部落到军队的各种人类社会，研究人类的脑容量与社交圈的关系。他的结论是，人类对于朋友的认知极限是 150 人左右。这就是你的朋友圈。确切地说，你的认知能力决定了你不可能再容纳更多的人。你所认定的好友数量自然就更少了，约为 50 人。再上一级是你会与之探讨秘密或困难的人，大约有 15 人。到了顶点，你最亲密的朋友组成了一个大约 5 人的群体。

通过社交媒体，我们能够与非常多的人保持联系；在别的情况下，这是我们不愿做也做不到的。如果我们想要了解身处远方的家人或童年朋友的动态，社交媒体也是一个很好的方式。你可以在朋友的新生儿照片上点击"喜欢"按键。你可以在她抱怨丈夫时留一个哭笑不得的表情符号。你可以给二年级时的老师发送生日祝福。然而，有些与朋友的面对面沟通是无法用网络交流来替代的。你会错失实时的相处体验，这种体验有时是很微妙的。比方说，你和朋友一起喝咖啡，她意识到，你发现了她在打量某位男性服务员，于是你们俩大笑了起来。又比如，当她因某人离世而哭泣时，你也流泪了。电脑无法取代的另一种体验是肢体接触。当朋友拥抱我们，碰碰我们的肩膀来强调她的观点，拍拍我们的背的时候，这些动作都传递了情感，并导致内啡肽的大量分泌。人类学家认为，在给彼此梳理毛发时，灵长类动物体内的内啡肽含量会急剧上升，从而提升自己对群体的归属感，提高生存概率。鉴于我们都知道独处存在一定的危险性，也就能够理解为什么人类的进化使得我们会因身旁有自己在乎的人而感到开心。居家隔离期间的一个最令人喜忧参半的场景，不就是看到朋友给了我们远距离的哑剧式"拥抱"吗？或许社交媒体带来的最坏影响，就是让我们感觉别人的朋友比我们的多，或是别人与朋友相处得更愉快。

在蒂姆·卡瑟尔（Tim Kasser）的研究中，他发现有两个重要价值取向会左右人际关系对我们个人幸福的影响：第一个是受欢迎，即希望自己被很多人喜欢；第二个是紧密联系，即希望建立亲密、牢固的人际关系。卡瑟尔发现，与追求紧密联系的人相比，追求受欢迎的人更少感到快乐，且更容易感到抑郁。社交媒体采用了很多手段来鼓励人们去追求受欢迎，最明显的手段是它将各种经历限制在了点赞、哭脸、爱心和喜欢的框架中。

我的同事兼朋友杰特·米勒坦言，她因为追求受欢迎而觉得非常难受。

听说别的朋友出去玩了，我就会感到错失恐惧（FOMO）[①]，因为他们跟那么多人出去聚会了。还跟那些人一起做各种事情。毫不夸张地说，我会忽然感到一阵心痛，出现这种生理反应，是因为在那一刻我渴望成为他们的一员，不管他们是在做什么事情。有时，我会产生一种近乎嫉妒的感觉。近期，我开始克制自己并且去思考，"我这是怎么了？"说实在的，我没法拥有这么多的友谊、保持这么多的联系。认识到这一点，孤独感也就随之而来，

---

① 即担心自己错过有意思的事（Fear of Missing Out）。——译者注

但我更应该不断地问自己,我想在一段关系中成为什么样的人,我又能做到什么程度?我能够拥有多少个朋友并与他们保持足够的联系?可能不会很多。

另一个限制朋友数量的重要因素是时间。我们都知道,亲密感需要花很多时间相处才能培养起来。一项发表在《社会与个人关系杂志》(Journal of Social and Personal Relationships)上的研究表明,我们要花上大约200个小时才能与一个人成为亲密的朋友(当然,还得满足其他因素,如脆弱)。保持亲密关系也是要花费时间的。邓巴认为,你需要跟核心圈子的朋友们每周互动一次,才能与之保持亲密。鉴于"感到时间不够用"大概是这个时代最普遍的经历,你得好好想想,自己的日程安排对友谊产生了怎样的影响。你只有这么多的时间和精力,不管是用在网络中还是用在现实生活里,总量基本是恒定的。因此,即使你觉得自己能够在社交媒体上跟很多人保持联系,其实你还是只能照顾好那么一小部分的友谊。当然,有些人天生比别人更擅长社交,他们能够经营更大的朋友圈。但对大多数人来说,朋友更多仅仅意味着我们会把自己的精力分得更散,就像是无耻的"脚踏多条船之人"。好吧,我知道这个说法有点儿难听,但是我敢向你保证,它出现在了好些个访谈里。

一篇发表在《人格与社会心理学评论》(Personality and

Social Psychology Review）期刊上的文章研究了亲密关系给人带来的收获，结果发现人们希望自己最亲密的朋友做到两件事：提供强力的支持以及充当关系中的催化剂；换言之，他们是与你有难同当、有福同享的人。在遇到这两种情况的时候，你大概率是不会去找泛泛之交，不过这也不代表着你在看轻他们对你的价值。

《都市线》的主持人特蕾西·摩尔有很多朋友。在热门晨间节目工作，意味着她每天要跟很多人打交道——从工作人员到固定嘉宾再到观众，当然，还包括她自己的家人。"我有工作场合的朋友，有特邀专家朋友，还有我的健身房'家族'。而且，我在他们所有人面前都展现了自己的脆弱。但有一种坦率，我是只留给核心圈子的。"她的"核心圈子"是她从大学起就认识的3位女性。在她们面前，特蕾西觉得她可以做回最真实的自己。"我不会到处分散自己的精力，因为我得省着点用，不然我的家人就不够用了。我有过这样的朋友，她们来者不拒。但是你猜怎么着？作为她们的朋友，我觉得自己遭到了背叛。你居然来者不拒，对谁都随叫随到？那谁是你更重要的人？"

如果说有人开发了一款手机应用程序来帮助有需求的母亲结交同为母亲的朋友，你可能觉得她的朋友圈肯定很大。然而，"花生"（Peanut）这款软件背后的企业家米歇尔·肯尼迪（Michelle Kennedy）完全不是这样的。假如你和朋友们要孩子的时间不同,那么你当母亲的过程可能会非常孤独,然后你还有可能碰上育儿方式的雷区。"花生"让女性能够和志趣相投的同地区妈妈们建立联系。这样的人际关系有时能够挽救生命,至少也能够让人保持理智。不过,肯尼迪认为,在交友时保持审慎是很重要的。

我觉得分析是很有必要的,但很多人没有这么做。我觉得他们只是在应付,做做样子。他们的所作所为都是出于内疚。我认识很多母亲,她们仍然想要维持30份友谊,这太荒谬了,对吧?对我来说,这种行为其实是不合格朋友的定义。假如你同时拥有一个刚出生的宝宝和30位朋友,或是一个蹒跚学步的孩子和30位朋友,你就不可能满足真正友谊的需求或履行其责任。这简直是无稽之谈。

我的新朋友海琳·科诺-科恩换了种方式来表述:

我就是不喜欢听到别人把所有人都称为自己的"朋友"。我似乎很珍视这个词。有天晚上,我正跟一位非常要好的朋友坐在一起吃饭,一位女性来到我们桌前打招呼。我的朋友从座位上跳了起来,迅速地向我介绍:"海琳,快来认识一下我特别要好的朋友苏珊!"你特别要好的朋友苏珊？我心想。我认识你15年了，从来没听说过苏珊！等到我的朋友再次坐下之后，我便问她是如何跟这位特别要好的朋友苏珊认识的，她漫不经心地答道："去年我们一起工作过。"尽管说不上来具体原因，但这件事让我非常郁闷。如果你这么草率地把这个标签安在所有见过的人身上，那我就会觉得你削弱了友谊的真正含义！

听到这番话，我停下来思考。回想自己的行为，我绝对干过把泛泛之交或同事介绍为朋友的事。我得辩解一下，我故意这么做，是因为我希望营造一种温暖舒适的感觉；我希望他们会觉得自己在我心中是有些重要性的。但如果我的好意并没有反映出真实的情况，那么这种好意或许就是多余的？此外，我要思考的不仅是我认为自己给对方造成了什么影响，还要思考把对方说得比实际更亲近这种行为，给我自己和我的心理造成了什么影响。

随着我们年龄的增长，一个小型的核心朋友群体所具有的价值会只增不减。密歇根州立大学的社会心理学家比尔·乔皮克（Bill Chopik）开展了一项研究，发现随着年龄的增长，友谊对我们的健康和幸福所起的作用也会随之增大。但友谊的质量是关键。他说："拥有更亲密的朋友好过拥有许多关系浅薄的朋友。"

萨莎·汤与雷若芬共同主持《说出你的趣事》播客节目，为那些来信讲述自身困境的人指点迷津。节目内容颇有见地，引人发笑，俏皮话连篇。许多求助都涉及友谊中出现的问题。两位主持人都有一种她们称之为"陌生人危险"的感觉：

> 这种危险感可能是由我小时候的害羞和内向的性格导致的。我觉得，起初这确实是一种防御机制。例如：这些人是谁？我是否想要接纳他们？我始终拥有一群密不可分的朋友，我觉得自己是一个愿意为朋友两肋插刀的人。随着年龄的增长，我还意识到自己只能为这么多人提供充足的价值，再多我就搞不定了。在当好一个优秀的朋友这个方面，我的能力很有限。因此，在思考该邀请谁进入我的生活的时候，我会非常、非常地吹毛求疵。那么，对我来说，这就是陌生人危险。

汤的至交团由包括雷若芬在内的6位女性组成。虽然有时会分组活动，但她们更喜欢齐聚时创造出的能量，不论是疫情期间的后院聚会还是线上群聊。可是，汤最好的朋友艾米丽（Emily）住在美国西部：

> 她一直都是我的朋友，但直到中学八年级，我们之间的关系才变得紧密起来。她是那种神奇的朋友，你懂

的，我们各方面都很像，比如我们思考问题的方式。我们有相似的父亲和英雄般的母亲。我们很爱自己的妈妈和姐妹，这种表达爱意的方式在旁人看来是很不正常的，但我们自己觉得这很正常。我们之间的信任坚不可破。我信任她胜过任何人。可以说，如果我身边只有她，我也会感到满足。

劳伦·加洛（Lauren Gallo）是一位营销主管，她曾告诉我："我有一群叫作'小兔子'的女性朋友。从小，我就习惯称呼最亲爱的朋友为小兔子。我一直觉得这个称呼很可爱。我们都是彼此的终极后援团。我们几个人性格迥异，但每个人都给大家带来了很棒的观点、温暖、支持、笑声和建议。"

✿ 我该怎么做？

　　我不是在阻止你结交很多的朋友，只是希望你能看清现实，明白自己到底能够跟多少朋友进行深入交往。如果你能慎重地决定与你长久共度最多时光的人选，你就可以摸索出更好的相处方法，为你的友谊付出更多，也从中得到更多。在你明确了自己想跟谁共处，以及不想跟谁共处之后，很可能会出现这种情况：你所认定的亲密朋友的数量自然而然地变少了。当你能够了解自己，并了解自己希望身边环绕着什么样的能量时，你就会逐渐看清哪些是值得自己投入的友谊。

　　想一想那些被你当作亲密朋友的人。你每个月与他们相处多久？时间够长吗？如果不够，是什么阻止了你们的共处？

　　你每周花在社交媒体上的时间有多长？查看自己的手机来获取准确的数值。你对这一问的答案和上一问的有何区别？

那时我刚结婚，找不到适合犹太婚礼的婚服，因为我想要保守的款式，还得是特定的长度。当时正是全城封锁、居家隔离的时候，商店全都不开门，我只能选择网购。我不停地下单、退货，因为那些衣服都不行。然后，我的一位老朋友和她的新婚丈夫来我家吃饭。

我曾给这位老朋友发过消息，说我感到非常沮丧，因为我可能找不到合适的衣服了。她立刻就回复，"我这儿有你理想中的裙子。你得找裁缝给它改一下尺寸。我明天就带过去。如果合适的话，你可以拥有它。"

裙子很美。"我可以改动它吗？"我问道。她则说，"你可以拥有它。它是你的了！"

我欣喜若狂。这条裙子很漂亮，第二天我就带去了裁缝店，他们很快便改好了。我太开心了。我给她发消息表示感谢，还跟她说这条裙子对于婚礼来说完美无缺。

然而几个小时后，我收到了这样的消息："那么，我们来谈谈价钱吧。这条裙子你打算付我多少钱？"

我被弄糊涂了。我完全不记得她说过我得付裙子钱。我翻遍了手机上的聊天记录，看到她之前说的是裙子反正不适合她，所以我可以拥有它。

这条裙子竟然价值1 700美元，我根本就负担不起。我感到非常沮丧，因为我朋友的经济状况还不错，她也知道我的状况不一定跟她相当。我不希望她觉得，我以为自己不用为这条裙子付钱,尽管是她没有把自己的意图表达明确。于是我提出付她400美元,因为裁缝费还得花100美元。

在那两个小时里,我感到疯狂的焦虑,因为我在想:"我想要这条裙子!我不想再去找别的了。我已经拥有了它。"这种焦虑感折磨着我。

她回复我说:"我本来想的是接近750美元,因为放到真真网(The RealReal)①上卖的话会是这个价。"我变得非常烦躁。她为什么不在一开始的时候就说出来呢?我还开始思考自己为她的婚礼花的那一大笔钱。她举办了豪华的订婚派对,以及各种不计成本的活动。为什么她就不能出于好心把这条裙子送给我呢?

她最终回复道:她想的是750美元,但愿意接受550美元。我立即把钱寄给了她,给这件事画上句号,因为我不想玷污这段友谊,但整个沟通的过程都让我很生气。

米拉(Mila)
关于朋友与金钱

---

① 一家二手奢侈品电商平台。——译者注

第六章

形形色色的友谊

> 每一位朋友都对应我们内心的一个世界，一个可能在他们到来之后才诞生的世界，而且只有通过这样的相遇，一个新的世界才会诞生。
>
> ——阿娜伊斯·宁（Anaïs Nin）①

伟大的思想家安德鲁·沙利文（Andrew Sullivan）近期在《察觉不到的爱：关于友谊、性与生存的小记》（Love Undetectable: Notes on Friendship, Sex, and Survival）中写道，真正的友谊要远远高于爱情。他说："对我来说，友谊始终是一种最容易进入的关系——显然远比爱情要容易。我发现，友谊为情绪的相互影响提供了缓冲，为亲密相处存在的风险拉开了安全距离，使得双方能够稳定地作为独立于彼此的个体存在。"

---

① 世界知名的女性日记小说家，西班牙舞蹈家、编剧、演员。——译者注

他的文字引发了我的思考：与恋爱关系和家庭关系相比，我们对友谊的了解非常有限。这很奇怪，因为优秀的友谊往往比大多数的恋爱关系要持久得多，可是关于恋爱类型的正式表述却要多得多。假如你的女性朋友问起你和一位刚认识的男性的最新进展，你能多快给出答复？他是我命中注定的那个人；我们还在暧昧期；就只是随便玩玩；我觉得他只适合做朋友。但却几乎没有关于友谊状态的说法。你的朋友是你每周都要见的人吗？她是你每天都会电话联系的人吗？她是与你一起外出度假的人吗？友谊有多种多样的形式，而这些形式都是我们自创的，因此我们很难判断自己做得对不对。记者琳兹·沙尔夫的很多方面都让我非常钦佩，我最欣赏的就是她能够主动地经营友谊。她告诉我："我想，我一直觉得约会跟友谊没有什么区别。就我而言，我对这两种关系抱有相同的期待。"我认为这种想法完全正确。因为大家都越来越晚结婚（如果真的还会结婚的话），所以在20—30岁的性格塑造时期，你最重要的人际关系是与朋友的关系。因此，我们必须要把这些友谊放到第一位，并且真正弄清楚每个朋友对于我们的意义，以及我们对于他们的意义。这么做不仅是为了让我们梳理过去，也是为了让我们树立明确的期待。

脸书导致了太多的问题，但它最大的罪行或许是用"加好友"（friending）一词混淆了朋友的定义。说真的，就你的大多数的社交媒体"朋友"而言，你多久会见一次他们？我能理解为什么要使用这个词,而不是"关系"(connection)或"人脉"(network)的原因,因为它听起来更舒服,即便它通常都不准确。

这并不代表每一位真朋友都得是亲密无间的伙伴。我们需要建立,也有能力建立各式各样的友谊。亚里士多德曾写道,世间有三类友谊:第一种是实用的友谊,存在于对彼此有用处的人之间;第二种是快乐的友谊,存在于享受彼此陪伴的人之间;第三种是德性的友谊,建立在相互爱慕与尊重的基础上。

在这三大类之下,还有各种不同类型的友谊。它们都在我们的生活中发挥着重要作用。对于一段友谊,如果你能够享受它、改进它,甚至仅仅是记得它,那么它就可以提升你的幸福感。反过来说,如果你去审视自己的友谊,就能够发现有些关系只是存在而已,对于相关的人起不到什么作用。了解不同的人在你的世界里都扮演了什么样的角色,这是调整好自身期待的关键。如果我认为我们两个是至交,而你认为我们是工作伙伴,我可能就会感到受伤。本章的关键在于你可以明白地享受各种层次的友谊。它们都能够给你的生活带来狂喜、乐趣、支持和幸福感,但假如你没有好好考虑相应的角色和期待,它们也会给你带来伤害和疲惫感。所有的人际关系都是一种能量——我们都知道,它们之中会有积极的能量或消极的能量。有时它们会同时包含这两种能量!但当你真正明白自己在何处，以何种方式去给予和汲取能量的时候，你的生活会发生巨大的变化。

你可以把所有的朋友想象成一些同心圆，泛泛之交在外圈，而你的至交好友是靶心。

泛泛之交：外圈

他们是你很高兴见到的人，但你不会跟他们约时间见面。理论上来讲，如果你在杂货店或活动现场偶遇了他们，跟他们闲聊几句，然后道别，这会是一件很开心的事。他们还是与你的日常生活有交集的人——知道你喜欢澳式白咖啡的本地咖啡店女服务生，你所用的干洗服务的女老板，你家狗狗在公园里最爱的玩伴的主人，等等。你们之间或许有共同的朋友，你喜欢这个人，但你要么是没有进一步发展的想法，要么是还没有找到发展的机会。

社会科学家将这一类联系称为"弱联系"（weak ties）。它们可能没有更亲密的联系那么稳固，但它们依然对我们的幸福感产生了较大的影响。尽管大部分研究都在关注亲密关系，但一项由不列颠哥伦比亚大学于2014年开展的研究发现，人们与自己认识但不亲密的人之间沟通得越多，他们反映快乐、幸福感和归属感的次数也就越多。

我必须得承认，我自己很不会处理与泛泛之交的关系。

我这种人在排队买咖啡的时候，如果碰上常为我做咖啡的咖啡师与我对视，我就会悄悄地自言自语："请不要跟我说话，请不要跟我说话！"我这样会很混账吗？从表面上看，可能会。毕竟在居家隔离期间，我是极少数觉得戴口罩有好处的人：可以不被认出来咯！然而，在读了上述研究之后，我对自己有了新的认识。我的戒心实在太重了，远远超出了必要的范畴。我得出门，对吧？我也想出门。那么，为什么不每天努力地去跟别人沟通，而是在畏缩退避呢？现在想来，当时的我站在那里，拼命地守着自己宝贵的时间和精力不放，两臂交叉，眼睛看东看西就是不敢看咖啡师，这样的我看起来肯定是极度自负和脆弱的。但这并不是说，即使今天早上刚丢了工作或是刚和恋人分手，你也得做一个好好小姐；而是说在平淡无奇的普通日子里，你要与人沟通。去建立联系吧！只要我觉得这种交往算是人际关系（它们也确实是），就能够赋予其力量和能量；并且我设定了适当的界限（也就是说，我不会每次点卡布奇诺时都与咖啡师聊上 20 分钟），那么我就已经定期地在自己的世界里表现出了主动性和积极性。

我们与泛泛之交的关系，虽然无法取代人生中的那些亲密友谊，但它们的确把我们的生活变得更美好了。近年来的社会正义运动将"微侵犯"（microaggression）一词引入了口语表达中。它指的是有色人种所遭遇的细微却频繁的侮辱与蔑视。随着这一概念被传播开来，人们开始用它来指代许多被剥夺权利的群体长期遭受的不公正对待。人们喜欢参与到充满恶意的网络攻击中，甚至都不认识自己攻击的对象。例如：如果有位"凯伦"（Karen）[①]为了霸占一个公共停车位而大发雷霆，那么这样的视频就会被网友疯狂传播。这种行为存在着过度简化复杂问题的风险，其根源则是缺乏人际联系。不管这是系统性种族主义的产物，还是我们在网络上遮掩自我的面纱，它都是缺乏人性的行为。在日常生活中，如果你能主动进行一些细微但温暖的人际交往，那么世界会变得更好，你的生活会变得更好，你自己也会变得更好。简而言之，即使是弱联系，只要你能主动经营它们，就会收获满满。

普通朋友：中圈

在与数百名美国人讨论了友谊或缺少友谊对他们生活的影响之后，韦克·穆尔蒂在一篇为"蓝区"网站撰写的文章中，解释了"中圈朋友"的价值。他写道："在这个社交范围里，我们不一定知道彼此最深的秘密，但我们喜欢让彼此的生活产生关联。中圈朋友极大地缓解了社交孤独感。"正如我在第一章讨论过的，孤独和缺少联系不仅令人伤感，还会极大地损害健康。

[①] 网络上一度流行用"凯伦"这个名字来指代蛮不讲理的白人女性。——译者注

虽然普通朋友常因"比别的朋友少了点什么"而被抛弃，但他们其实很棒。这类朋友主要是通过工作、爱好，以及各种会员制组织等类似的活动结识的，因此跟他们结交是比较容易的。又因为这类友谊不必走向深入，所以你可以愉快地与普通朋友共处，而不需要深入地分析他们的情绪。他们可分为以下几种不同的类型。

复合型朋友（同为妈妈的朋友，踢足球的朋友，学校里的朋友）

你可能有过这样的经历。你去了一所新的学校，或者开始了新的工作，又或是你的孩子参加了一个新的活动，不论是哪种情况，总之你突然和一个新的群体共度了很长的一段时间。而且你喜欢她们。她们让你很快乐，待你也很友好。你们甚至可能有了一些内部笑话。你们会接送彼此的孩子。在工作、课堂之余，或是在足球比赛的场地之外，你们甚至也会偶尔聚一聚。你们之间的关系胜过泛泛之交，但似乎还没到百分之百的友谊。

这种基于特定情况的关系就是亚里士多德所说的实用的友谊，这个说法很常见。按照苏珊娜·德格斯-怀特的观点，这种关系充当了社交的润滑剂——它们有趣且实用，但它们不是很深厚。你不会在某个周六的下午凑到另一位足球妈妈身边说:"我觉得我爱上了我丈夫的至交好友!"

"做母亲的这个时期会对友谊产生重大影响。"德格斯－怀特说道。对此我有同感。特别是当你有了第一个孩子以后,你太渴望获取信息和得到支持了,以至于同为妈妈的朋友几乎成了必需品。她是那个陪你散步的人,因为你的宝宝只有在婴儿车里才能睡着。她是那个收到你拍的疹子照片的人,因为你很担心孩子身上的疹子。她是那个告诉你附近哪些亲子活动最不尴尬的人。也许你们会保持长期的联系,但是有太多的因素会中断这段关系了。例如:你们的孩子不喜欢彼此;你们中的一个重返工作岗位,而另一个没有;你的孩子决定去打曲棍球,而不是跳芭蕾。

为了更深入地了解这个时期,我找到了米歇尔·肯尼迪。在 2017 年,她推出了手机应用程序"花生",连接起志趣相投的各阶段的母亲们,从备孕的女性一直到学龄儿童的妈妈。我问肯尼迪,同为妈妈的朋友们有什么特别之处。

在做母亲的时期,有些事情会定型,而你需要和有相同经历的人分享这一切。有些话题是你一般不会去触碰的,因为别人可能会忌讳它们,或是觉得它们太过露骨,又或是太过无趣,可是现在你需要找人聊聊。如果你聊天的对象不是一位母亲,那么你们的关系必须得非常亲密,你才能去讨论这种话题。

当然，在母亲这个类别下，还有许多子类别。支持婴儿为主导的断奶法①的妈妈，跟孩子睡在一起的妈妈，还有顺其自然的妈妈，以及与之相对的，紧盯孩子日程规划的妈妈。而且，你可能听过这句话：人是有感情的。在当上妈妈的头几年里，你可能会忙不过来，因为你需要转换自己的身份，要去思考自己想成为什么样的母亲，但你只能边做边想！你还会遭遇到各种意见与评价的轰炸。你怎么能不用母乳喂养？你跟孩子睡在一起？你允许孩子使用电子设备？你雇了个保姆？简直没完没了。但这些全都是非常私人的问题。"'花生'之所以诞生，是因为当时的我虽然有女性朋友，但她们都不能理解我，我会有种孤立无援的感觉。"因此，肯尼迪创造了"花生"，帮你在同一地区找到你这样的妈妈。

埃莉斯·罗南告诉我，随着她年龄和阅历的增长，实用型友谊开始发挥其作用。"你会结识一大帮子新朋友，依据的是自己的需求，而不一定是自己的愿望。有一天，你会发现你可能又有了其他类别的实用型友谊，这些友谊的门槛可能是，'在星期六的时候，我愿意跟谁一起到公园里陪孩子玩上几个小时呢？'"

需要注意的是，如果你的情况发生了变化（你完成了一

---

① 指让婴儿自己去吃手指状的食物，而不是由家长来喂糊状食物。——译者注

个课程,你孩子的兴趣从空手道转向了芭蕾舞),那么这些朋友很可能会降至泛泛之交的等级。

职场朋友

我们在工作上花了大量时间,几乎比做其他任何一件事情的时间都要多。这就意味着,和我们一起工作的人跟我们共处的时间最长。可是,现在还有人认为,职场关系应该亲切,但不能亲密。事实上,有许多管理者在大力阻止职场友谊,认为它们会降低工作效率。但另一个事实是,有研究表明,如果人们更快乐、关系更密切,那么他们的工作效率就会显著地提高。这很合理:假如工作的环境是一个令人紧张的、冷冰冰的地方,你会有多想待在那里?你会有怎样的创造力和效率?你肯定不会自愿加班。你也很可能不想去帮助同事完成项目。

在《友谊即事业》一书的开头,莎思塔·尼尔森用了一句摘自真人秀的标语:"我不是来交朋友的。"但她的书和大量的研究都证明,事实恰恰相反。要是在职场上有朋友,人们就会更快乐、更健康、更有效率。

坚实的工作友谊根本不会分散注意力,反而能提高工作业绩。从基础的层面来看,如果你在工作中感到快乐和轻松(因为你喜欢自己的同事),那么就意味着你会有更高的创造力。任何不友好的氛围都会促使人们保持沉默。假如你知道自己会受到冷落或嘲讽,你就不太可能说出自己不太寻常的想法。但如果你感觉到同事是真心喜欢你,你就更愿意说出自己的真实意见和想法。

在《友谊即事业》中,尼尔森重申了自己在《亲密友谊》中提出的友谊三角。她认为,所有的人际关系都建立在由积极、持续与脆弱组成的三角上。这些要素越多,一段关系就越接近顶点,即她所说的亲密友谊。这个道理不仅适用于你的生死之交,也适用于你每周日早上要见的瑜伽老师。有些关系会在三角上保持恰当的低位——你很高兴见到自己的美发师,并且在剪发和染发时总能和她聊得很愉快,但当你在凌晨4点陷入信仰危机时,你是绝对不会给她打电话的。

职场朋友可能会介于这两个极端之间。因为我们中的很多人在工作上投入了大量的时间,所以就获得了友谊中的持续要素。如果你喜欢他人的陪伴,也喜欢与他们合作,那么对于积极的要求就也达成了。在尼尔森的三角中,脆弱这个方面可能起到了调节的作用。对于职场朋友,你或许能够坦然地把对于她的工作报告的真实看法告诉她,或是知道她会在会议中支持你,但你可能不会跟她探讨非常私人的问题。这是完全没问题的。

如果你想想职场的情况,会发现这其实是一群人向着同一个目标努力,那么我们与同事私下里有联系也就变得合情合理了。我的朋友桑尼·哈瑟尔布林跟我说："通过工作，我找到了很多志同道合的伙伴，与之建立起了持续一生的友谊。在工作环境中，身边有我自己喜欢的人是非常重要的，因为工作是一项团队活动。"

因此，谁也不知道职场朋友将来会不会成为自己人生中的重要角色。我听过很多人开玩笑说自己有"职场妻子"或"职场丈夫"，因为他们通过工作与那个人变得极为亲密。我的好友米哈尔·斯蒂尔（Michal Steel）把一位同事算作是自己最亲密的朋友。她和奥黛丽（Audrey）相识于洛杉矶的一家创意代理公司。在奥黛丽准备转换职业赛道时，对她说："你得过来跟我做招聘工作！"斯蒂尔做好了改变的准备，采纳了她的建议，于是从2015年起，她们便在一起工作了。"我们的关系很美好。我希望每个人都能拥有和我们一样的工作上的友谊。我们两个简直是天差地别。她是个典型的A型性格，超级沉默寡言，我想这就是她的成功之道。但我完全不一样，而这也是我的成功之道。我们各有各的疯狂想法，不过我们都非常尊重彼此的做法。"

跟其他所有在转变时期建立起的关系一样，你在职业生涯初期建立起的友谊可能会具有格外强的张力。罗南深情地回忆了自己在《幸运》（Lucky）杂志工作的日子，以及她在那儿建立的友谊：

我建立起了非常持久的友谊,其中的大部分发生在早年的那些工作中。在 20 岁出头的时候,你开始做成年人该做的事情,并且第一次独立生活——你不再局限在大学的小圈子里。在我最为丰富多彩的友谊中,有一部分似乎来自我在《幸运》杂志结识的朋友,当时的我们还是第一次尝试探索各自的成年人的身份。我们把自己弄得心碎不已,还得在大家的工资都月光的情况下,想出一起下馆子的办法。不知为何,那段经历非常有趣和亲密。

男性一直在培养良好的职场关系——并且收获这些关系带来的好处,其表现形式就是他们的老同学关系网(old boy network)。对于"利用"朋友来获得工作上的成功的观念,你是否会感到不适?你相不相信自己既可以真心喜欢某人,又可以接受这个人的专业帮助,或是为其提供帮助?许多婴儿潮世代的成功女性都会被批评的一点是,她们依靠不懈的努力才积累了权力,却没有将这种权力传递出去。

要当好职场朋友,你就得把一部分的个人资本用在别人身上,而不是全部藏起来。你可以采用这些形式:在会议上,夸赞同事的想法;在工作中,主动给两位存在互助可能的朋友牵线搭桥;为他人推荐工作。请记住,拥有快乐的职场朋友,才会拥有快乐的职场时光!

话虽然这么说,但纵观自己的职业生涯,我注意到的一点是，只要赞同他人对于工作的消极看法，你就能轻易地与其成为朋友。只要告诉某人自己的上司是多么的混蛋，或是整个公司有多么地混乱，你就能够以惊人的速度与对方拉近关系。此外，吐露自己的全部心声，并且得知觉得难受的不止你一个，这种感觉真是太棒了。可是你得小心，不然就会出大问题。消极的情绪可能会成为人际关系的全部基础，并且必定会渗透到你的潜意识中。再者，这些话可能会变成自我应验的预言，因为在不知不觉中，你可能就变成了一个非常有毒的人。换言之，现在你成了这里的消极情绪制造者，而非积极情绪的推动者，甚至都不如那种只关注自己如何达到事业目标的人。我承认，通过发泄情绪、开玩笑、聊八卦、吐露心声，这样的友谊会给你带来片刻的快乐，但如果这就是全部的话，你得认识到，这样的关系有局限性，并且也会限制你。

我永远不会忘记自己刚开始在初创企业工作的时光，那时的我几乎是最基层的员工。起初，公司里的人我一个也不认识。等工作了大概3个月之后，我会偶尔与一位看起来很酷的同事一起吃午餐。我们有一些共同点，我们还喜欢一起谈论时尚和喜剧，但我们并没有非常合得来。有一天，在经历了一次格外惨烈的会议以后，我们离开办公室，站在太阳下吃赛百味三明治（我们只能负担得起这个）。吃了几口后，我脱口而出："只有我这么想吗，还是说我们的上司真是个纯傻帽？"于是，自那一秒起，苦水便倾泻而出——不如说，喷人的话便不断地涌出来。她立即举了6个例子来说明他有多傻，其中一个例子详细地描述了他那天穿的袜子，因为那双袜子也挺恶心人的，然后我们就在这条道路上越走越远。从那以后，我们总是一起吃午饭，成天一起喷上司，甚至在周末，我们都会时不时地互相发一些好笑的网络表情包，或是关于职场的奇思。有一回我数了下，发现有超过20条消息的结尾都是"#周日鬼故事"（#SundayScaries）这个话题，以此来结束一个有趣的周末，进入下一周。我非常喜欢这种互动。我因此获得了快乐，并且缓解了新行业和新工作所带来的压力。问题在于，这种抱怨似乎有了自己的生命。其实我在工作上做得很不错。当然，我们的上司还是那么烦人，不过说实话，谁没有这样的时候呢？然后，那个本该隆重庆祝的日子来临了。我被叫到了上司的办公室。起初我很紧张——他是看到我喷他的聊天记录了吗？不过我很快就明白了，他要说的是个好消息：我升职了，而且是大幅度的升职。我即将接管自己之前待的这个小部门。我既兴奋又骄傲，但只持续到我跟朋友分享这个消息之前。在那之后，我甚至有点儿尴尬。当天吃午饭的时候，我把这个消息告诉了她，然后她……什么也没说，她缄口不言。我就要当上经理，来管理这个被我们贬损了快一年的组织了。整个对话都很别扭。正如当初的一拍即合，这段友谊也就这么一拍两散了。我感到震惊和伤心。由于失去了这段友谊,我的工作时光一度变得空虚了。我们也试过几次,一起吃了饭,但我们回不去了。我们用消极情绪筑成了这段关系的基础,除了消极情绪,我们就什么都没有了。这段友谊本不必如此——在很多方面,我们都有不少共同点,然而我们贪图一时的快乐,选择的言语方式也有点儿造谣中伤他人的性质,结果,我们失去了这段友谊。工作上的友谊会结出充满八卦的、唾手可得的果实,它诱惑着我们沉溺其中,从而逃避现实,但假如友谊全是由这种果实构成的,那么这段友谊从一开始就注定会失败。

权力的不平等能够推动职场友谊走向成功。一般来说,公司里的同级朋友之间不太可能会争权夺利。不过,我们也没理由认为员工和上司不能友好相处。尼尔森指出,人们之所以离职,可能是因为他们的上级主管,或可怕的办公室政治,或觉得自己不受重视、未被尊重。如果你能跟上司友好相处,就可以让他们更加了解你的目标和潜力。如果你就是上司,那么请营造出一个友好的、相互信任的氛围,这样员工在遇到问题的时候,就会尽早告知你,而不是把问题藏起来,直到大爆发。但请注意,我说的是友好。管理层和员工之间必须要有界限。

肯尼迪回忆起了一段惨烈收场的职场友谊。"我以前有过一段非常非常亲密的友谊,我对她的感情如同母亲对孩子一般。后来,由于种种原因,这段友谊没能维持下去,给我带来了巨大的痛苦。我再也不想经历这样的友谊了。我只能建立更为表面的友谊，不能再让彼此的生活相互交织、彼此家庭紧密相连。这是行不通的。"

双情侣朋友

绝大多数的双情侣友谊都始于两个人之间，然后双方的情侣才会加入进来。如果你和密友都拥有了更为正式的恋爱关系，那么很自然地，你们至少会想要试试4人约会。也别为大家是否会同等地亲密而担心——这几乎是不可能的。假如你的伴侣和你的好友享受4人相处的时光，那也没什么关系，不过不要单独为他们两个人计划活动。

拥有情侣朋友的一大好处是，他们能够让你深化对于稳定情侣关系的理解。同时，你还能近距离地了解另一段恋情，从而思考自己要不要模仿他们的做法。你可能注意到朋友的情侣大力庆祝她取得的成就，于是你觉得他做得很好，提醒自己也要向他学习。你还可能注意到朋友对着她情侣的背后翻白眼，于是你告诫自己要克制住类似的冲动。

情境型（时间和地点限定的）朋友

你会定期见到这些朋友，但不会经常跟她们见面。这些见面会发生在夏令营、家族聚会、年度休假或公司集体旅游的时候。这类友谊虽然不属于你的日常生活，也不属于你久经考验的后援团，但它们能够为你的人生带来巨大的价值。因为它们，你能够探索不同角度的自己，在充满明争暗斗的日常生活中，这些角度是你没法充分展现，甚至根本不能展现出来的。尽管这类友谊大多发生在童年时期，但是它们也完全有可能出现在人生的其他阶段。正是由于这些友谊的不同寻常，你才拥有了更大的自由，而且你要是留意的话，还会获得探索自我的机会。

在过去，我每年夏天都会到湖边住上几个月（"哦，加拿大！"），并且跟一小群非常亲密的朋友聚在一起。每一年，时间都仿佛倒流了，我会立刻回到这些友谊的怀抱之中。在这些朋友的陪伴下，我经营过一些小生意（向过往的划船者兜售雪泥冰），举办过一些才艺比赛，首次尝试了饮酒（偷了琴酒、黑麦威士忌、伏特加等调制出了"垃圾混合酒"，全都装进了一个密封罐里），还体验了裸泳。现在回想起来，这些不仅是我其中几段最快乐的经历，也是最具奠基性的几段经历。但是，从每年的9月到次年的5月底，我们根本不会打电话联系彼此。直到有一年，我妈妈提议邀请我的"湖畔朋友"来参加我的生日派对，我一下子呆住了——一种奇怪的感觉涌上心头。我焦虑不已，试图说服我妈妈：我的派对最好还是像往年一样，仅限于学校里的朋友。我妈妈坚持如此，结果就办了一个混合的派对。我的预感应验了,这是一次很古怪的经历。湖边的那种魔力消失了,我发现自己得时不时地躲藏起来,从而避免把不同类型的朋友混在一起。毫无疑问,我过了一个非常糟糕的生日,这让我一度对自己的"湖畔朋友"产生了质疑,直到第二年的夏天,我们又聚到了一起,浑身热汗地从码头下到凉爽、清澈的水中,尖叫、大笑。多年以后,当我回想起自己的15岁生日派对时,我才意识到当初那么尴尬的原因。这两群不同的朋友让我从不同的方面磨炼了自己。在学校里,我只关注学业和受欢迎的程度。而我的"湖畔朋友",对应的其实是我更为脆弱的一面:冒险者,无畏的探索者。这两群人的相遇导致我的自我暴露程度超出了我能够驾驭的范围。事实上,当我的"湖畔朋友"在派对上出现时,我的反应不是在拒绝,而是在保护。我在保护她们,同时也在保护自己脆弱的一面。

这类时间和地点限定的友谊可以被当作一种很刺激的方式,帮助你发掘新的自我。离开了日复一日的生活,你通常就有了更多时间来与身边的这些朋友共处。在那些年的夏天里,我几乎时时刻刻都和朋友们待在一起。如果跟一群女性一起度假,你就能够花上好几天的时间来享受不同的事物,尝试新鲜的事物。

如家人般的朋友

人们常认为,要尽快摆脱与室友同住的生活阶段。从大学阶段到毕业后的几年中,与朋友住在一起是个快乐又划算的选择。你会从彼此身上学到宝贵的生活技能,在经历了糟糕的约会后跟对方一起大笑,在晚上看真人秀节目的时候有人做伴。一旦我们不再合住,无论是因为收入有了增长,还是因为恋爱关系变得正式,我们就会抛下自己的室友。

出于种种原因,有些女性重新研究起了与朋友合住的可能性。并非人人都想结婚或是找到伴侣;还有的人虽然结了婚,但最终又离婚了。女性的寿命往往比男性要长,如果你的身体还很健康,那为什么不跟朋友住在一起,反而选择住进养老社区呢?由于各种各样的原因,代际生活不可能适合所有人,于是共居(cohousing)成了另一种选择。许多女性正在考虑这种方式,她们的理由常常与自己年轻时的想法一致。共居更便宜,而且更有趣。共居能够通过很多方式来实现。在 2019 年,宜家推出了"城市村庄"项目(Urban Village Project),为家庭、单身人士和朋友提供不同布局的模块化建筑,从而提升居住者的生活质量。在 1998 年,6 名女性发起了老年女性共居项目,现有 26 名 50—70 岁的女性住在一起。在世界各地,许多组织将空巢老人与学生搭配在一起，以这种方式来应对住房短缺的问题。而我最喜欢的例子来自"剪裁"（The Cut）网站。2008 年，7 名年轻的中国女性达成了一个玩笑式的协定：等到 60 岁的时候，她们会搬到一起，共享退休生活。仅仅过了 10 年，她们就决定启动这项计划，提前实现目标。她们设计并打造出了一栋令人赞叹的房子。它在私人空间与共享空间之间取得了恰到好处的平衡，还附带一个游泳池和一个室外茶室。

至交好友：内圈

这些朋友是跟你一边的。你投入了时间，展现了真实的自我，犯了错误并且纠正了这些错误。很多友谊尽管美好，却永远到达不了核心。那些到达了的友谊则会为彼此带来巨大的回报。

对于这个层级的友谊来说，相互之间的看见与被看见是至关重要的。否则，亲密感就荡然无存。布兰奇·福斯顿（Branche Foston）是我非常喜欢的前员工，她从安全感的角度聊了这个话题。她曾在"丽芙视频"网站与我共事，之后我们还一直保持着联系，现在她自己也在创业了。她创办了"蜂蜜块"（Honey Block），这是一家专注于千禧世代创意人士和有色人种创业者的健康的初创公司。她说：

对我来说，友谊的关键肯定在于安全感——在一起时，两个人都要感到安全才行。我真心觉得，在我的亲密友谊中，和我做朋友的人都明白：她们可以安心地展现自我、安心地对我说实话、安心地跟我沟通我的行为，并且指出我让她们不舒服的地方。我认为，虽然听起来很像场面话，但这的确是一种真诚的支持。我认为，随着暴动的增多和新冠肺炎疫情的全球大流行，现在的你比以往任何时候都更加需要全力支持自己的人。这种支持不一定得是公开的。但是，谁在跟你保持沟通？谁让你觉得放心，并且可以看到真正的你？

这种支持也不一定得是严肃的。你最亲密的朋友可以用各种方式来展现她们对你的了解程度。萨莎·汤描述了一种调侃式幽默。这种幽默将她的好友六人组紧密联系在了一起。

我们之间都会相互指责，采用的方式既饱含爱意，又格外搞笑。我觉得这一点不是所有人都做得到的。比方说，我是一个非常重视时间的怪人。我希望所有人都能守时，也希望所有事都能尽早发生。杜安娜（Duana）总是迟到，总是如此。总是在出门的时候换身衣服。雷妮则没心没肺的。我们都明白自己是怎样的人，并且会清楚地告诉其他人。但我们会采用有趣的方式来告知。

在筹备本书的过程中,我跟一些女性进行了交谈,交谈中发现其中几人的至交好友住在其他城市。她们都会腾出时间跟对方打电话沟通,以及通过FaceTime①或Zoom进行视频聊天,还会优先考虑去对方的城市,从而争取共处的时间。玛丽亚·梅努诺斯(Maria Menounos)告诉我,有一次她的丈夫提议她去见她的至交好友阿丽莎(Alyssa)。

在患上脑瘤之前,我一旦疯了似的工作,就会觉得非常、非常伤心。我不知道自己这是怎么了,我丈夫则会说:"这段时间你没有见到自己的朋友,你也就没法补充能量。去找阿丽莎,或者请阿丽莎过来吧。"然后我就会立即好转。因为你忘了自己身处于"仓鼠轮"中,一味地跑跑跑,却没有意识到联系有多么重要,而工作并非全部。我逐渐意识到了这种循环,于是开始设置定时提醒来告诫自己:不要忘了,联系也很重要!

---

① 苹果公司生产的电子设备内置的一款视频通话软件。——译者注

❋ 我该怎么做？

无论你人生中的那些人在友谊的同心圆上处于什么位置，他们都有其优点和意义。好好思考他们在你的世界里所扮演的角色，你就能更好地调整自己对他们的期待以及为之付出的精力，从而把最多的期待和精力留给至交好友，剩下的人给到足量即可。

分类列出你所有的朋友，如列出职场朋友、双情侣朋友、至交好友等。

你对每个朋友在时间和亲密程度上的期待是否与她的类别相匹配？

有没有哪个人的类别是你想要调整的？

是否有哪些类别存在较大的空缺？

我跟两位朋友产生了同样的矛盾。而且整件事非常疯狂。

出于工作需要,我从法国搬到了洛杉矶。由于种种原因,我没有交到很多朋友。但当时珍(Jen)在洛杉矶,我认识了她,她成了我刚到美国时最亲密的朋友。珍当时在我那家代理公司中工作。她也是法国人。我还有一位非常要好的朋友,叫朱莉(Julie),她住在纽约。她们通过我认识了彼此。

她俩都想要孩子,为此已经努力了很久。朱莉努力的时间格外长,可还是没有成功。后来,珍搬去了纽约,她们成为了很要好的朋友,并且因为共同的挫折而变得亲密。

差不多在同一时期,我开始跟伴侣讨论备孕的事情。我本来有一些健康问题,医生说必须要做手术才行。术后,医生跟我们说,我可能很难怀上孩子,或是要努力很久才行,所以我根本就没有把自己其实也开始备孕的事情告诉朋友们。结果突然之间,我几乎是刚刚开始备孕,就发现,"天哪,我怀孕了!"我感到非常震惊。

我不知道该怎么跟这两位朋友说。我知道她们在备孕上屡屡受挫,为此而痛苦不已。于是,我直接告诉了其中一个人,她立即转告了另一个人。经过交流,两人一致认为我伤透了她们的心,因为我甚至都没有把自己在备孕的事告诉她们。两人也都决定不再和我说话了，太痛苦了！真的，其中一个人跟我说："抱歉，我不会再跟你说话了。"

说实话，我很伤心，我也明白她们会觉得难以接受，并且会认为老天不公，让我那么快就成功了。但同时，我又感到非常孤独，并且深受荷尔蒙的影响，情绪波动也很大，只能苦苦支撑。

一年后，朱莉来到洛杉矶，她依然没有怀上孩子，但她来找我了。我们俩见了面，我带上了自己9个月大的女儿。时间仿佛倒流了。她对我说："非常抱歉。我想跟你重新做朋友，我很想念你。"于是，我们开始解决彼此之间的问题。这时，我们才跟彼此坦诚地聊起来。

我们聊到了她备孕的这5年，以及她的艰难境遇。当时她住在纽约，我们经常见面；我经常去纽约出差，或是她过来我这里。在此期间，她一直在备孕，我想那时的我根本无法理解这意味着什么。当时我还是单身，一点儿也不清楚她会是什么感受。但我觉得，在那一刻，她想要找到同样也在努力和挣扎的人，因为这样的人有一种特别的魅力，就像是掌握了另一种语言一般。我想这就是她钟情于珍的原因。但是，我一直都搞不清楚该问什么样的问题，而且我认为这是一个非常敏感的话题。

等到我们重新成为朋友，彻底开诚布公的时候，她对我说："当时你什么都没有问我……你是我最亲密的朋友,却根本没有问过我的感受。"我对此感到非常惊讶。我以为自己一直在她的身边支持着她,也许我的做法并不是她想要的那种?我告诉她:"老实说,我那时不知道该说些什么。我以为自己尽力了。"

我们继续谈论这个疯狂而悲伤的事件,这个发生在我们人生中的重要时刻。这件事真的很伤人。我很难过——原来从某种程度上来说,我是导致这次友谊破裂的部分原因。这不仅仅是"哦,你怀孕了,我恨你"。这其实更像是,"已经过去很久了,我一直在等你,希望你能更加关注我的问题,可你却没有问过我,接着你就怀孕了。行吧。我跟你一刀两断了。"

虽然过程很伤人,但我们把所有问题都谈开了,也因此变得更加亲密了。而且我们都当上了妈妈。这真的是一段非常艰难的经历。

我再也没有听到过珍的消息,也没有再跟她说过话。

埃米莉·麦道夫(Emilie Medoff)

关于朋友与生育能力

第七章

友谊诊断

> 凡是有人要求你保持沉默,或是剥夺你成长的权利,那么这个人就不是你的朋友。
>
> ——艾丽斯·沃克(Alice Walker)[1]

看到本章标题的时候,你想到了什么?是否觉得我是在让你去判断朋友的价值?列出一份决定谁去谁留的清单?还是说让你去思考,自己该如何看待自己人际关系中的缺点,从而找到机会来改善它们?这一系列的想法是否会有点冷血?

我们都知道,从几乎所有的方面来说,友谊对我们的幸福感都至关重要。或者说,至少在我们好好培养友谊的情况下,它们会是如此。为了让自己从中受益,并且造福他人,我们要关注和认识自己的友谊。我们要了解自己以及自己的需求,自己先去努力满足这些需求,然后再思考如何在友谊

---

[1] 美国著名非裔女作家兼诗人,代表作有小说《紫色》(*The Color Purple*)。——译者注

中满足这些需求。

你有怎样的感受?

第一步,我希望你去评估一下时间和精力。你在跟谁共度时光?在接下来的 4 个星期里,记录下所有与你共处的人,包括同事、家人、朋友、你的普拉提教练、你的保姆等人。你应该明白我的意思了。养成这样的习惯:在与上述所有人互动的过程中,关注自己的感受。你觉得轻松吗?焦虑吗?内疚吗?受到启发?感到振奋?你觉得你在做真实的自己吗?正如第四章所说,与他人共处的时光不必永远阳光灿烂,彩虹满天,也不必全都具有价值。但是,假如最近有人让你觉得自己很糟糕,或是觉得灰心丧气,你就得再往前回顾一下。这种消极情绪只出现了一次吗,还是说已经成了你和那人相处的固定模式呢?

别担心,现在你只是在收集数据。

你做出了怎样的举动?

第二步,我希望你去关注自己与上述所有人相处时的行为举止。你做出了什么样的举动?看到手机上弹出了她的号码,你会是什么样的反应?你每次真正和她见面之前,是否不得不先取消3次？当她打电话找你的时候，你会不会放下手边的所有事情？你会提议一起简单地喝杯咖啡，还是会坚持一起吃晚饭，这样你们就有了更多共处的时间？你们共处的时候会聊得停不下来吗？在跟某位朋友聊天时，你会不会回避某些话题？在相处的过程中，有没有朋友让你倾向于过度放纵自己？你有没有察觉到自己想取悦某些朋友？你喜欢自己跟他们相处时的行为举止吗？

同上一步，别去评判，留意即可。

每个人分别扮演了怎样的角色？

诊断友谊的第三步，是去思考每位朋友分别在你的人生中扮演了怎样的角色（以及你在他们的人生中扮演了怎样的角色）。我们已经思考了自己会有哪些种类的朋友：职场朋友，活动中的朋友，能聊上几句的朋友，等等，但还有一个关键，就是分析每位朋友影响你的方式。

盖洛普（Gallup）咨询公司的负责人汤姆·拉斯（Tom Rath）开展过一项关于友谊及其重要性的大规模研究。在《关键的朋友：人生中不可或缺之人》(Vital Friends: The People You Can't Afford to Live Without）一书中，拉斯推荐读者进行友谊审查，判断不同友谊给自己带来了什么，并且依据这些友谊的优点来改进它们。

在拉斯的这本书中，一个最有说服力的观点是"完人错误"（rounding error）。它指的是，我们会期待自己人生中的那些人都是完美无缺的。实际上，这恰恰是毁掉所有人际关系的最佳方式。跟谈恋爱一样，如果你期待自己的至交好友完美到能够满足你对于友谊的一切需求，那么你很可能会失望。一旦去期待朋友具备我们需要的所有品质，我们就会去关注他们没有做到的部分。假如你认为自己的朋友必须要为人幽默、具有智慧、支持你、与你保持联系、富有洞察力等，可实际上她只满足了其中的3点，你就很可能会去关注她缺失的部分。拉斯的研究结果显示，那些关注友谊中缺失部分的人最终都会对友谊产生消极情绪。

如果你去分析自己对友谊有什么需求，以及各种朋友能提供什么，那么你其实就会放弃不合理的期待，并且欣赏朋友的真实面貌。假如你意识到自己最看重朋友的才智，你就可以更加关注这个方面。你可以把自己的友谊想象成一张文氏图[①]：任何一个圆都不可能包含你所需要的一切，但通过叠加所有的友谊，你就能够满足全部的需求。值得注意的是，你很可能会和某位朋友处于一种对等但不平等的关系，比方说，你会请她提供可靠的工作建议，而她找你则是为了参加夜间活动来发泄情绪。

[①] 一种用来表示多个集合之间关系的草图，每个集合用一个圆来表示。——译者注

如果在网上搜索自己需要什么样的朋友,你会发现大部分的生活类网站和杂志都有相关的内容。根据拉斯的研究结果发现,朋友在我们的人生中会扮演8种重要的角色。我看过励志演说家斯黛西·弗劳尔斯(Stacey Flowers)的一次TED演讲,她谈到了我们一生中需要的5类朋友。关键在于,我们都是复杂多样的,因此需要一个"朋友村"才能满足各种需求。

考虑到我在朋友圈中的需求,我分析了自己想要的感受以及自己的需求(不论这些需求是否总是存在)。我的私人"复仇者联盟"包含了下列"超级英雄":

怀旧型朋友

这个人跟我有共同的经历和回忆。在夏令营的时候,我们共住一个小屋。在大学的第一天,我们是邻桌。在彼此的第一份工作中,我们一起实习。这个人早就认识我们了,早在我们完全蜕变为成年人以前。她知道我们为爱而做的蠢事,也记得我们是如何救她于水火的。这类友谊不一定需要大量精力的维护,除非你想把它变成当下生活的重要部分。在你见到这类朋友的时候,时间仿佛倒流了。对我来说,这类朋友带来的最大价值,就是让我从最纯粹的角度来了解真正的自己。

还记得我的"湖畔朋友"吗?其中的一位叫玛妮(Marnie)。从出生那年到20岁左右,我们每年夏天都在一起。我们一起经历过风雨。在那些年的夏天里，我们一起成长（别的暂且不说，我们会躲开父母的监视，一起喝酒、抽烟、玩转瓶子游戏）。在过去的 20 年里，我跟玛妮可能只见过几次面，可是在每次见面后，我都会有一种奇妙的感觉，与玛妮在一起时，我的欢笑是跟其他朋友共处时所没有的。回忆起我们当初陷入的困境，或是我们曾经的一些奇怪的恋情，我觉得快活极了。只要我想起那些沐浴着月光的海湾之旅，想起我们凝望着星星，小口喝着热巧克力，咯咯的笑声在水面上回荡，于是我们向彼此发出嘘声的场景，我就会立刻变得兴奋不已。与她共处时，虽然只是片刻，但我会重获天真无邪的感觉。哦，这种感觉确有其力量。与她的相处还让我想起了自己身为加拿大人的特质（在新冠肺炎疫情和中年危机的当下，我要是能用上点儿它该有多好啊）。另外，我也没法跟她撒谎。

滋养型朋友

这位朋友了解你的需求。如果你走进一个房间，她立刻就明白是什么惹你不高兴了。如果她知道你马上要去参加一场棘手的会议，她就会发消息来鼓励你。你可以向她坦言自己面临的挑战。她这么做可不只是为了了解你的惨事——她也会为你的成功喝彩。这个朋友让你觉得，自己可以安心地向她展示脆弱的一面。真正的滋养型朋友能够照顾到你的一切感受，但你很可能只会在受挫的时候去找她们。除了抱怨，记得也要用欢乐来平衡你们之间的关系。

你还有可能会忘记，滋养型朋友也有自己的需求。萨莎·汤在自己的朋友圈里被称为修复者。如果她的朋友身处困境，他们知道汤会倾听，并且会帮他们想办法去改善现状。但在几年前，当她的身体出了大问题时，她遭到了当头一棒。她咨询了一位又一位专家，想弄清楚自己的眼睛持续疼痛的原因。专家们找不到病因，只能告诉她，她可能要在这种痛苦中度过余生。谈及寻找自然疗法的过程，她笑道："我当时就跟疯了一样，不过后来我成功地扭转了局势，但那是一些极为黑暗的时期。"然而，真正让汤感到震惊的是，当时几乎没有朋友向她伸出援手。"说句大实话，我觉得大约90%的朋友都让我失望了。"现在的她明白，这段经历导致自己变得抑郁了。在那时，她对朋友的失望转化成了愤怒，然而当她想把自己的感受传达给他们时，她必须得先平息这种愤怒。"现在我知道了，如果我确有需求，我就要更直接地讲出来。我要说：'在这种时候，我需要你，我一个人是做不到的。'所以，我认为这么做让我的友谊变得更好了。"

她还明白了一点：要担任自己小团体的军师，她就必须注意自己的健康状态。"我的一些朋友很信任我，并且会把他们的人生大事也托付给我。但这有时会很沉重。因此，我必须得保障自己的心理健康。"

创意型朋友

只要和这位朋友待在一起,你的脑海中就会冒出一百万个点子。她很聪明,但她真正的本事是能让你找到自己最聪明或最有灵感的状态。你们聊得兴致勃勃,时间飞逝,等到分别的时候,你感到振奋、充满活力。这位朋友是个行动派。电视主持人特蕾西·摩尔认为,她的友谊有一大优势,那就是她给予的鼓励。"尽管我通常是个现实主义者,但我喜欢帮助他人构建一点儿梦想。比方说,'让我们来看看该怎么办,让我们来规划一下吧。'我是一个规划师,我会帮助你建立规划的!"这类朋友永远是你强大的盟友,无论你的项目处于什么阶段——在起步阶段,当你需要别人认可自己的想法的时候;在中途,当你需要别人为你鼓劲儿的时候;还有在结尾,当你需要别人为你的成就喝彩的时候。由于还具有出色的解决问题的能力,他们也是绝佳的合作伙伴。

导师型朋友

这个人可能比你年长,但也未必如此。无论她的年纪比你大还是比你小,这位朋友都很有阅历。你人生中的重大决定都需要她来把关。假如事先没跟她商量过,你就绝不会接受一份工作或是启动一个重大项目。她一心为你着想,你也知道她永远不会跟你竞争。需要注意的是,不要把这位朋友为你做的一切视为理所当然。你很可能会养成习惯,只在有需要的时候才会去找这位朋友,但这是错误的。并不是说她不乐意帮助你(她是乐意的),但她也有自己的需求。你得让她知道,你接受了她精彩的建议,因此进展顺利。如果得知自己帮上了忙,导师型朋友就会感到自豪与喜悦。多去问问她的生活、工作、恋爱近况,这样你就不会把友谊弄得一边倒了。

跟自己相似的朋友

我们喜欢和跟自己类似的人共处。社会学家称其为"同质性"(Homophily),或称为"对同类的喜爱"(Love of Same)。许多领域的研究者都探讨过这一现象的原因,但答案非常复杂。一项由伦敦大学皇家霍洛威学院开展的研究表明,如果受试者觉得别人长得像自己,他们就会认为那些人是值得信赖的。一项发表于《社会与个人关系杂志》的研究表明,那些跟我们有许多共同点的人之所以会吸引我们,是因为:他们会肯定我们的观点;我们确信对方也会喜欢我们;我们喜欢相同的事物,因此相处得很愉快;在一些特质激发了我们的积极情绪之后,我们就会去填补空缺,培养更多的积极特质;我们会发现成长的机会(尽管与你不同的人可能才是助你成长的更优人选)。

过程可能会非常简单明了。你认识了一个人,你们俩都喜欢法语电影,喜欢跑马拉松,喜欢谈论政治——太棒了!然后你们发现彼此都成长于加拿大东北部的严格的天主教家庭。哦,天哪,你们有这么多的共同经历!如果彼此的性情也相投,那么你很难不跟这个人迅速成为朋友。

这一类人很对我的胃口。凯琳(Kayleen)和拉丽莎(Larissa)是我的两位至交好友,和我一样,她们也是加拿大人。十多年前,我们都(各自)搬到了洛杉矶。我们都在美国拼搏奋斗,并且都超级思念祖国,于是这段共同的经历将我们紧密地联系在了一起。除此以外,尽管两个国家都使用英语,但当我们聚在一起的时候,我们似乎有了自己的暗语。一种根深蒂固的加拿大人特质。我们看待世界的方式是一样的,而我们周围的人似乎跟我们有很大的区别。我们的笑点相同。我们的价值观也一样。说句实话,我的人生中要是没有这两位女性,我都不知道自己能在美国待多久。每当我感到迷茫之时,只要跟其中的任意一位打个电话或喝一杯,就能重回正轨。特别是在这个不可思议的政治周期,我都数不清我们相互确认了多少次:"这太疯狂了,对吧?我是说,是现实太疯狂,还是我疯了?""不,这事的确太疯狂了。疯的不是你!"

考虑到现代社会的流动性之大,情况就会变得很棘手。很少有人在同一个城镇或城市里长大,并且从来也不离开那里。在一生之中，我们的身边不会总是跟自己相似的人。现在又多了系统性种族主义和被忽视的种族主义，情况就复杂起来了。尽管北美人口正趋于多样化，但白人仍然更喜欢在以白人为主的空间里生活和工作，于是这就成了一种常态。迫于生计，许多有色人种学会了如何在白人为主的空间里生存。就算我之前不知道，过去一年的社会正义运动也给了我很多启发，让我思考了空间对于边缘群体的友谊的重要性。

还记得我那位年轻的朋友布兰奇·福斯顿吗？她告诉我，她很高兴自己能够有不同的朋友圈。"我意识到自己是极其荣幸的，因为我的福杯满溢①，全都是我的友谊之爱。能够拥有不同的朋友圈，我也是极其幸运的。有些时候，我不想和一位异性恋的顺性别男性朋友共处，我就会去找除此之外的'酷儿'朋友们，并且跟他们相处得很愉快；还有些时候，我只想跟一位非裔朋友共处40天。我觉得，这就是拥有这些小团体的好处。"

摩尔虽然有很多白人朋友和白人同事，但她也非常珍视与非裔朋友相处的时间：

> 我会觉得很自在，因为我可以说："哦，我的天哪，我的工作出问题了，因为我的主管一直在谈论我的头

---

① 出自《圣经·诗篇》。——译者注

发。"还有你知道的，我有几位密友是老师，他们会谈到自己的一些学生，以及这些学生由于种族而受到的差别对待。我想说，我们每次聊天都会谈到这些话题，并不是因为我们热衷于种族问题，而是因为种族问题是我们所有人生活中的大问题。于是，它就经常被提及，而这会让我感到自在。正所谓"一切尽在不言中"。没有人会说"你确定这是因为种族吗？"所有人都会说好吧，我们该如何应对呢？

相似的朋友以及同乡的朋友会给你带来安慰与理解，这是非常宝贵的，但你也得当心，别弄成回声室[①]了。安妮塔说道：

> 我认为，在友谊中分享价值观是很重要的，特别是那些健康的价值观，如诚实、关心他人、幽默、决心和尊重。但分享价值观不等同于把自己困在一个所有人都赞同你的气泡里，因为大家全都一样，并且都怕自己跟其他人不一样。你们喜欢同样的音乐，穿同样的衣服，在同一个社区长大，接受着相似的教育或是做着相似的工作。在这种情况下，你学不到太多东西；你反而会觉

---

① 指不断重复相似观点的封闭圈子。——译者注

得自己很强大，但这种强大感是基于数量的，却不一定基于真正有价值的事物。脆弱的感觉或是冒充者综合征在女性身上并不少见，而相较于在成就和成长中发展出的真正自信，拥有一位朋友或是归属于一个朋友群体似乎是条捷径。有一些女性通过权力获得了高度的自信。我有一位非常要好的朋友，每当她被问起是否担任过拉拉队队员时，她的回答总是令我捧腹大笑："我不为别人喝彩，别人为我喝彩。"然而，许多女性没有这样的自信。我的这位朋友是最为善良的人，但她的这种善良源自内心的力量和来之不易的自信。事实上，许多努力建立起自信的人也都会宽容地对待与自己不同的人。可是，假如我们利用朋友来维护自尊，我们就只能更紧地抓着自己的女性圈子不放，并且往往会排斥外人，因为只要朋友不在场，我们就会变得不自信。朋友能够让我们觉得自己很强大，这或许很重要，但现在大多数人都在利用友谊来应对不自信的感觉，而不是去尝试克服这种感觉，这样他们其实就错过了能够挑战我们并促进我们成长和学习的优秀朋友带来的一些真正的好处。

与自己不同的朋友

由于上述种种原因，有一个或多个跟自己相似的朋友会让你很开心。但同样是由于这些原因,假如你认识的所有人都跟你类似,那就不太好了。简而言之,与回声室和气泡相比,多样化的友谊能够减少偏见。如果你跟一个人相处了一段时间并对其产生了好感,你就很难会对这个人产生消极的或不准确的设想。如果你的朋友有着不同的文化背景、不同的生活经历、不同的社会经济阶层,那么这些友谊也都能为你创造机会,让你能够质疑自己的观点和设想。对于主流文化之外的人来说,他们可能已经在经历这样的事情了。非裔女性已经习惯了生存在白人的空间里。女性酷儿群体已经习惯了生存在异性恋的空间里。主流文化中的人需要拓展自我去适应新的环境,而不是指望别人来迁就自己。尽管多样化的友谊为你创造了很大的机会,但你绝不想让哪位朋友觉得自己只是你觉醒道路上的一个象征或一个步骤。你还要做好犯错的准备。现如今,人们太害怕被剔除和排挤了,以至于都不敢去尝试。只要你能承认错误并且不断地改进,犯错也没关系。我这位年轻的朋友布兰奇再次展现了自己的智慧,她说道:

> 如果你的人生趋于同质化,那么为了自身的幸福,让自己的人生变得尽可能地开放、多彩和多变吧。当然,要采用尊重他人的方式。我和一些一起长大的朋友见了面,发现他们的朋友还是全都跟他们自己样子相似。我仍然是

他们唯一的非裔朋友。我心想，这太糟了。我真心希望你可以在自己的人生中获得更多的乐趣、幸福、快乐与美，因为你能从别的非裔以及他们的经历中学到太多东西了。不是说有色人种就有义务去教你。尽可能地采用最真诚、最温暖的方式。越是拓展自己的人生，你就越有可能成为自己想要成为的和注定会成为的那种人。你会乐于减少发言、去除自我中心。你会乐此不疲的。我跟朋友们开过玩笑："如果我是你们认识的最多变、最激进的非裔美国人，那就太糟了，太糟了，太糟了！"我当时想：我能给你列出50个人来，他们更进步、更酷、更有创意、更有非裔的特质，应有尽有。我可以是你的入门级尝试，但你的朋友圈里得有更多的非裔。我就像是你的无糖可乐，不要让我成为你唯一的非裔朋友。我为自己而骄傲，我爱我自己，而且还有很多非裔也是值得去结识的。

关键的朋友

这类朋友也可能被称为你的至交好友，你的终生挚友，或你的生死之交。要是幸运的话，你可能有几位这样的朋友。就算你凌晨3点给她打电话，她也会接听。你的客厅里有尸体？她会帮你把人拖出来。你正在铸成一个史诗级的大错？她会冒着惹你生气的风险，直接给你指出来。这种友谊需要去呵护。要是没有投入时间和精力，那你就别指望能达到友谊的这个黄金标准。

重要免责声明：你列出的清单可能会跟我的不一样。但你花时间和心思去理清自己的清单是值得的。扪心自问：对于我人生中的这些人，我真正的需求是什么？在你的世界里，很多朋友会扮演多个角色。一位至交好友可能是创意型朋友、滋养型朋友以及关键的朋友。一位职场朋友可能只是创意型朋友。一位大姐姐可能是滋养型的导师。对于这些朋友来说，你的角色也可能全都不同。知道了自己的朋友属于哪些类别，你就能够更加关注这些友谊的优势，能够调整好自己的期待，也能够真正感激自己的朋友。对彼此的感激之情会加强人与人之间的联系。明确地告诉朋友，你珍视他们的哪些方面，不必搞得过于隆重，如果这不是你一贯作风的话。但是，我们都希望别人告诉我们，我们做得很好。因此，去告诉你的滋养型朋友："谢谢你昨晚听了我的抓狂发言，这确实让我感觉好多了。"或者给导师型朋友发信息："你说得太对了，我的上司并不是在暗示我不应该申请那份工作。实际上，她希望我去申请！"

想一想你的朋友们。他们在你的人生中都扮演了怎样的角色？问问你的朋友们，你在他们的人生中扮演了怎样的角色？是否有缺失的部分？你能否推动友谊的发展，使其满足你的多项需求？思考这些问题的时候，重点在于要有好奇之心，不能带着评判的眼光。这样，你就会少一些厌恶感，多一些力量感。

有毒的朋友

认识这类友谊是很重要的，原因只有一个：这样你就可以结束它们了。有毒的友谊常常是旧日里建立起来的。若是成年后才遇到这样的人，你就不太可能会与他们建立起亲密的关系。至少，我希望你别这么做。然而，也许这位朋友在上学期间是个十分有趣的人，后来才逐渐养成了一些恶习。又或者，也许是你不太注意，没有意识到她根本就不算是自己的朋友。

有毒的友谊表现出的迹象如下：
只有在自己需要或想要什么的时候，他们才会来找你；
对话从来都不平等；
他们在别人面前贬低或取笑你；
跟他们相处过后，你会觉得自己很糟糕；
他们极为争强好胜；
当你有了好消息的时候，他们不会为你感到高兴，你也不愿意告诉他们；
他们给你的生活带来闹剧；
他们在背后说你的坏话；

你们的友谊是有条件的;

他们放你的鸽子;

他们拿你的秘密来要挟你,并且会把它告诉别人;

他们会带坏你,还会撺掇你去惹祸上身;

他们在背后议论别人;

当他们要跟你们共同的朋友做些什么的时候,他们不会带上你。

有上述表现的人肯定是在促成有毒的友谊。请别误会,只要你容忍过这些表现,不论时间长短,你就也脱不了干系。你是同谋!他们是寄生虫,但寄生虫不能没有宿主。

这其中还有个圈套:有毒的人常常是超级超级有趣的,也很有魅力,还很搞笑。由于他们具有不确定性,当他们出现的时候,你可能会觉得他们很特别。他们看起来似乎一心为你着想,或是时常夸奖你。然而,这恐怕是个陷阱。你可以跟对方起一次冲突试试,也完全可以设立一些界限,从而在跟对方相处时维持自己的情绪安全。但你很难与对方(安全地)亲密起来。如果你天生就是滋养型朋友,你可能会发自内心地想去帮对方,但要是她没有主动来找你帮忙,那么你就很可能会失败。

我清楚地记得自己的一段升级版的有毒关系。跟常规的有毒关系略有不同的是,她从来没有让我觉得自己软弱或是糟糕。事实上,她对我极尽溢美之词:"要是没有你,我该怎么办啊!"她是一个有才华又超级风趣的发型师,拥有自己的店铺,不过由于种种原因,她总是把日子过得一团糟。她每个月至少会出一次大事,然后就会哭着找我,请我帮忙。例如房东出于稀奇古怪的理由将她扫地出门,又如她在酒吧外与前男友发生了肢体冲突,再如她要花 3 000 美元给自己的猫做一场罕见的手术,否则猫就会死。似乎全都是生死攸关的大事,而她需要我的救援。每一次,我都会完全进入救世主模式,立刻开始处理问题,直到她冷静下来或者问题得到了解决,于是我再次被视为英雄。然而到了第二天,她就会若无其事地给我发消息。她会表现得非常正常,就像这样:"嘿,你看了昨晚的《比弗利娇妻》(The Real Housewives of Beverly Hills) 吗? 太好看了。"太奇怪了吧!昨晚的事情把我弄得精疲力竭,可她却已经活蹦乱跳了。我自然是受到了伤害,于是想要疏远她一点。可是,如果一个常常出事的人察觉到你在疏远她,她会怎么做呢? 类似于飞蛾扑火吧。觉得她无处可逃,而我真心觉得,自己要是抛弃了她,她就会出事。终于,压死骆驼的最后一根稻草出现了。她跟男朋友闹出了很大的矛盾,然后她就离开了两人的家,想找个地方住。当时,我家后面有一间小屋子空着,于是我极度犹豫地表示,她可以在那儿住上几天。两周以后,我需要去那间屋子里拿一个工作用的东西,就给她发消息说我需要进去。她没有回复我，但我实在需要那件东西，于是在第二天，我悄悄地回到了那里。我敲了门，她不在，我就进去了。屋子里一片狼藉。水槽里堆着大约两周的脏碗碟，台面上留着洒出来的变质牛奶，到处都是狗毛。眼前的一切让我难以置信，我气疯了。当时的我站在垃圾堆里想着，这姑娘总是把自己的日子过得一团糟，我们之间结束了。我发消息告诉她，3天以后我家里人要过来住，她得另找住处。她没有回复我，直到3天后，她才简短地发了一条信息："我搬出去了。"我来到那间屋子，以为她至少收拾了一下，然而并没有。我所得到的感谢，就是那个装满脏碗碟的水槽和腐烂的食物。之后我们再也没有说过话。在当时看来，我似乎是摆脱了一个疯子。当然，我从这次经历中学到了一个重要的人生教训：假如有一个不清醒的人和一个清醒的人，清醒的人总会觉得自己能够让不清醒的人变得清醒些，但是结果永远都是，不清醒的人把清醒的人变得有点儿（或非常）不清醒了。但如果回顾这个故事，就会发现事情远不止这样。这段关系满足了我的自尊心，以及我想要成为某人的重要存在的需求，也许还有我想要在自己的人生中更加清醒一点儿的需求，相比较而言，我做到了。我完全就是同谋！我要是能直面自己的需求或脆弱之处，而不是通过一个明显不太清醒的人来处理它们，那该有多好！这样说很残忍吗？也许吧。但这一类与人相处的情形常常是有教育意义的。我们要克制住不断表扬自己付出的冲动，转而去关注自己获得了什么。这些情形填补了你人生中的哪些缺口？

你是什么样的风格？

诊断友谊的最后一步，是了解你自己的友谊风格。你是个喜欢一对一的朋友吗？还是说你更喜欢集体活动？与朋友相处的时候，你是喜欢活跃一些呢，还是喜欢一起坐在桌前，喝一杯红酒，不停地聊天呢？思考一下，你喜欢如何与朋友相处。与朋友相处时，哪些情况会让你觉得自己得到了最多的支持、双方的关系最紧密、自己的内心最为喜悦呢？这样，你就能够了解自己的友谊风格。

记者琳兹·沙尔夫更喜欢与朋友一对一地相处。"在我的产前派对上，我的一大帮子女性朋友齐聚一堂，她们彼此之间全都不认识。"沙尔夫自称是共情能力者，她说："我觉得，人们总是会让我充满活力，或是会榨干我的精力。因此，我从来不跟自己不想见到的人相处。我不喜欢寒暄。我希望跟人真诚地对话。"

我的朋友米哈尔·斯蒂尔则恰恰相反。首先，她有很多朋友。可以说，她是我所有朋友中朋友最多的一位。并且，她在努力地维系所有的友谊。对于我这样的描述，她的反应让我很吃惊。"什么？我没有那么多的朋友。好吧，我觉得我有好几群朋友。"接着,她描述了自己的职场朋友、客户朋友、情侣朋友,以及核心密友。你明白我的意思了吧。

汤也有自己的小团体。她有个由6位女性组成的好友团,她会与好友们进行持续的线上聊天和定期的线下聚餐,从而维持紧密的联系。由于大家的日程繁忙,有时只有3个人能聚到一起。"聚会总是能奏效的,但当我们都到齐的时候,效果才是最棒的。我发现,当性格各异的我们全都聚在一起的时候,奇迹才会发生。当然,这并不代表人没到齐就没意思了,只是说到齐了会有不一样的感觉。因此我们一直都在努力促成团体活动,这样就不会落下谁了。要是不这样做,要是少了一个人,就会感觉像在一瘸一拐地走路。"

了解自己的友谊风格,你就能够避免与朋友不同步的感觉。假如有位朋友总想让你待得再晚一点儿,一起去一间更拥挤、更吵闹的酒吧,而你的风格更偏向于晨间漫步,那么你们的关系就会变得有点儿紧张。她可能会觉得,你提前离开是因为你跟她玩得不开心。你可能会觉得,她并不想和你说话,因为你在音乐声中基本听不到她的声音,除非是你去找她说话。你可以告诉她:"我喜欢一起出去玩儿,但晚上10点以后,我的状态就不太好了。我也知道你喜欢出去玩儿,所以我们折中一下,想个两全其美的办法吧。不如这个周日一起吃个早午餐吧?"

第七章 友谊诊断

❀ 我该怎么做？

我希望你能逐渐意识到，友谊中有很大一块其实是关于你自己的：你是什么样的人，你有什么样的需求，以及你能付出什么。它需要你做好前期工作，去弄清楚是什么造就了你，这样你就能够尽可能地把最完整的自我带到友谊中去。这样似乎是只顾着自己了。友谊的出发点怎么可能跟自己有关呢？关键在于，如果你努力地提升自我、悦纳自我，你就会对自己的友谊提出同样的要求。你会积极主动地寻找同类，他们也对自己做了同样的工作（或是至少想要开始这样做了），就会把最完整的自己带到你们的友谊中来。这时，你们的联系才可能燃起火花，温暖彼此，并且只要你们敢于尝试，就会一直温暖下去。

列出你所有的密友。

在每个人的名字旁边，写下对方让你喜欢的品质。例如，他们是滋养型朋友、创意型朋友、关键的朋友吗？还是说，他们是跟你相似的怀旧型朋友？

同上一章，这次是否也有空缺？也许你缺一位与自己不同的朋友？也许你需要一位导师型朋友？想一想在什么地方能找到这样的朋友。（书友会？跑友会？加入一个团队？）有计划地寻找你需要的人和品质。

自有记忆起,我就认识费伊(Fay)了。她是我母亲好友的女儿。她跟我姐姐同龄,所以她先跟我姐姐成了朋友,然后才成了我的朋友。费伊人很好,不会用居高临下的口气对我说话,我感觉她也是我的朋友。

十年级的时候,我到纽约市布鲁克林区的一所全女子私立犹太日间学校上学。我离开了自己的家,寄宿到别人家里,过得并不开心,于是我开始叛逆。

很多课程我都没好好学。开学两个月之后,我被开除了。在学期中间的时候,私立学校不会接收新学生。当时的我也不是一个好学生。哪个学校会要我呢?我感到悲愤且难堪。

当时,在加利福尼亚州帕洛阿尔托市,费伊已经当上了一所小型私立八年制[①]日间学校的校长。我妈妈打电话给费伊,把我的事情告诉了她。费伊毫不犹豫地说:"我们的学前班需要一位助教。阿黛尔(Adele)可以过来!"我不知道她是真的有这个需求,还是纯粹想帮我。这不重要。

转眼间,我离开了布鲁克林区,来到了阳光明媚的加利福尼亚州!

[①] 该学制招收一至八年级的学生,也招收幼儿园或学前班的学生。——译者注

对于我这样的年轻高中生来说，学前班助教是一份理想的工作。我教的孩子都非常喜欢我。家长和社区都亲切地接纳了我。因为费伊，我不再觉得自己是被抛弃的，转而觉得自己是有价值的、受人赏识的。她一直关注着我，我们顺理成章地成为了亲密的朋友。我坚信，费伊把我从截然不同的命运中救了出来。她就像是我妈妈、我姐姐，特别是我的好朋友。

阿黛尔·贝尼（Adele Beiny）
关于友谊怎样改变你的生活

我有一位非常要好的朋友，我们什么事都一起干过——外出旅行、深夜线上聊天、回顾约会，等等。我俩就像一个模子刻出来的，不过我们还有一个密不可分的好友团。但我和她是仅有的仍是单身的女士，所以我俩有自己的共同语言。后来，经过多年的寻觅，我的真命天子（现在成了我的丈夫）在最意想不到的时候忽然降临了。自从相识以来，我们之间的感情就步步升温。然而，好友团的动态现在成了最棘手的事情。比方说，在我们的线上群聊里，其他人都在讨论4个人约会、与丈夫共进晚餐等话题，她却总会插一句，"那么，有人会因为我是未婚而邀请我吗？"这可太棘手了。

她现在非常地愤愤不平。我刚刚看了一集《欲望都市》(*Sex and the City*)①，里面说的就是她。可她一直在生气。起初，我对她有强烈的抵触情绪，不过现在我完全理解她了。我就是这位朋友的"最后的莫希干人"(Last of the Mohicans)②，现在连我也离去了。

我们曾一起环游世界。我们一起度过了最美好的时光。我们会共度"快乐时光"，会一起出去玩儿。在全城封锁之前，她是最后一个被我们请到家里吃饭的人。我很难过，因为我觉得她特别棒。她反感的不是我，但我觉得，作为一个团体，我们的群里全是已婚女性了。我很痛苦，但我该怎么办呢，直接把她从群里移除吗？再建一个群吗？这就好像是我在证实她的不合群。

这让人很难接受，因为，你懂的，你是那么地爱这个人，你希望他／她能够在那个方面有所进展。

我没撒谎，就我个人而言，我跟她相处不会觉得如履薄冰；但是作为一个集体，我感觉现在的情况有点儿尴尬。

希拉（Shira）
关于友谊中的人生过渡期

---

① 一部美国的情景喜剧，讲述了4位居住于纽约市的女性的故事。——译者注
② 出自美国作家詹姆斯·费尼莫·库柏（James Fenimore Cooper）的长篇小说《最后的莫希干人》(*The Last of the Mohicans*)。——译者注

第八章

成为更好的朋友

> *交友的想法只消片刻便可萌生,而友谊却是缓慢成熟的果实。*
>
> ——亚里士多德

  你是怎样经营友谊的?有太多人希望友谊自行愉快地运转。事实上,很多人纯粹将自己的友谊视为理所当然。我们要么是在长久的相处中积累了一些深刻的共同经历,要么是彼此认识太久了,根本没有花时间做出更多的努力。我们满足于现状,因为我们很少会意识到自己可以做得更好,或是变得更好。就算我们想要做出更多的努力,我们也常会为自己开脱:生活太忙了,我们没法投入更多的精力或注意力了。仅仅因为这些友谊没有出什么差错,我们就觉得它们已经及格了。有的时候,我们厌倦了一段友谊,然后就决定,好吧,那个人不是我的密友。

  依我看,这就错失了良机。大量的人生经验、生命意义和深刻思考触手可及——这些是我们前所未有地需要的东西，因为虚拟世界的深渊让我们彼此之间的距离越来越远——然而我们却回避了它们。事实上，就像其他有价值的事物一样，真正的友谊需要努力争取，其收获也远远大于投入。人们不想做出真正的改变，不仅因为不想努力，还因为内心存在恐惧。为了建立起真正的联系，为了拥有能够促进自己成长、改变和喜悦的亲密关系，你必须展现出脆弱——真正脆弱的一面，而这对很多人来说就没那么有吸引力了。

我们对友谊的认知也有问题。我们认为友谊应该充满乐趣，充满亲昵，充满支持。结果，一旦出现了问题，我们就有可能草率地误判：这段友谊不行。因为总有人告诉我们，友谊就应该自行运转，所以我们不会用看待家庭或恋爱的方式去看待友谊。大多数人都知道，我们必须在自己的家人和恋人身上投入精力，才能让这些关系茁壮成长。友谊却有所不同。如果友谊需要精力投入，我们就会觉得它们出了问题。因此，我们碰巧收获美好的友谊，满足于勉强及格的友谊，或是结束掉那些不够完美但也许还能挽回的友谊。

于是，我们的友谊错失了大量机会。倘若我们珍视自己的友谊，尊重它们给生活带来的一切改善，我们就应该心甘情愿地投入精力。不仅因为它们出了问题，还因为我们可以一直深化和拓展它们。我们可以成为更优秀的朋友，拥有更美好的友谊。

在第四章，我们剖析了紧密的友谊，了解了对于优秀友谊来说不可或缺的支柱。在本章，我们要探究它们是如何运作的，更确切地说，你是如何在友谊中运作它们的。为了在友谊中实现最多的付出与收获，你需要针对友谊养成哪些健康的习惯？为了提升自己的友谊超能力，你需要掌握哪些友谊招式？

要想成为更优秀的朋友，首先得做一些内部工作。在约翰·鲍尔比于1958年提出关于儿童发展的依恋理论之前，科学家们都低估了父母与孩子之间联系的重要性。该理论认为，如果父母与孩子之间存在亲密、充满爱意且安全的联系，那么孩子就会形成安全的依恋类型。如果孩子遭到忽视，或是在情感上遭到离弃，就可能出现回避型依恋类型。如果养育者与孩子之间的情感关系变幻无常，孩子就会产生矛盾型依恋类型。最不正常的则是混乱型依恋类型，这样的孩子是在混乱和创伤中长大的。

那么，在这本面向成年女性的书中，我为什么要提到幼儿依恋理论呢？究其根本，是要了解你自己和自己的需求。你的依恋类型显然还在影响着你。你成长中所处的情感氛围会影响到你的神经系统，进而影响到你的情感。这些影响在你所有的人际关系中都占有一席之地。当然了，这并不代表你就没法学习和成长了，你肯定是可以成长的。不过，了解自己的起点是很重要的。

跟之前一样，我希望你能带着好奇而非评判的眼光去思考这个问题。就算你发现自己是回避型依恋类型，你也并非注定会成为那个永远需要精神支持的朋友。不过，假如你知道自己的情绪非常需要安抚，那么不妨告诉你最想亲近的人。如果友谊中的一方是回避型依恋类型，一方是安全的依恋类型，那么双方可以直接挑明，这是有好处的。先别因此而作呕，请听我把话说完。

我的父母都很棒。我有幸能成长于一个充满了爱意和支持的、井然有序的家庭。因此，我知道自己是安全的依恋类型（极端情况除外），很少会产生嫉妒。假如我有一位童年坎坷的朋友，她形成了矛盾型依恋类型，并且即使我只是在咖啡约会中迟到了1分钟，她也会生我的气，那么我就很容易产生心理负担。我可能会觉得她对我的评判不公平。但是，如果这位朋友有自知之明，对我说："我知道自己好像太执着于准时了，这只是过去落下的病根。"那么我会对她产生强烈的共鸣，并且不会再迟到；就算快迟到了，我也一定会给她发消息。

在了解了自己的依恋类型及其对人际关系的影响之后，你就可以开始养成一些好习惯来提升自己的友谊能量。在筹备本书时，我采访了自己的好友兼心理学同事杰特·米勒，她让我注意到了一点。她常常组织一些美妙的小聚会或小探险，而我很幸运，总会出现在她的邀请名单上。可问题在于，我有一个两岁的孩子要照顾，一份书稿临近截稿日期，还有我的论文也即将发表，因此我回复"不了"的概率为85%。在这次采访中，她让我想起，她曾经就这件事问过我。"我问过你，我是否不必再邀请你参加任何活动了，你还记得吗？"我答道："记得，隐隐约约吧。""我记得之后我大概是这么说的：'我不想给你造成不必要的压力。'但问题根本不在这里。我觉得自己的感情受到了伤害。"现在，我的注意力集中到她身上了。我记得当时自己大概是这么回答的："完全不会！只要你不介意我拒绝，那就尽管邀请我吧！"然后我就没有听到回应了。"回想这件事的时候，"杰特说，"我知道自己会担心被抛弃，或者说害怕被拒绝。你知道的，我的父亲和姐姐都是突然离世的，他们在很短的时间里相继走了。于是我逐渐产生了一种恐惧，觉得自己在意的人随时都可能离开我。我想，我发出这些邀请都是为了确认你不会离开，可我却没有听到自己想要的答复。"我大为震惊，觉得自己混账透顶。当然，要是没有这次交流，我不可能真正了解其中的直接联系，但当时的她肯定显露了某些迹象，而现在回想起来，这种迹象值得深究。更为重要的是，我和杰特的这次交流促进了友谊的发展，其效果超过了我们之间的其他所有经历。我们开始深入地了解对方需要友谊如何运作，并且会尽力留意彼此，做到完全地坦诚。

健康的友谊习惯

（1）积极倾听

有时你会听到某人被称为"优秀的倾听者"。这是什么意思，我们又为什么需要指出某人是"优秀的倾听者"呢？这个嘛，因为有太多人不擅长倾听了。最好的情况是，我们在思考自己接下来要说什么，没有去听别人在说什么；而最坏的情况是，别人说话的时候，我们一直在玩手机。无论是哪种情况，我们都没有去听对方说话，自然也没有理解对方话语的真实含义。请记住，真正的倾听可不仅仅是听到对方说的话，并且能够一字不差地复述出来。还有非常之多的非语言线索，它们也会让我们更好地理解对方的真实含义。和对方相处时稍有分神，我们就很有可能错过这些线索。

要成为优秀的倾听者，有一些直接的办法，如与对方进行眼神交流和不打断对方说话等。更细微的方法是点头并给出简短的鼓励，如"嗯嗯""好的"或"没错"。向朋友转述你刚刚听到的内容，这样如果你理解错了，对方就可以纠正你；这还能证明你认真听了对方的话。你可以这样说："我听到的是……"和"听起来你的意思是……"

如果有疑惑，你可以这样阐明："我想确认下，我的理解是……"或者"你的意思是……吗？"要是你朋友的故事让你想到了别的故事，克制住自己，别说出来，别把话题引到你身上。

然而，积极倾听的最重要方面却很出人意料。道格·诺尔（Doug Noll）是《降低怒气值：如何在 90 秒以内让人息怒》（ De-Escalate: How to Calm an Angry Person in 90 Seconds or Less ）一书的作者，以及和平之狱（Prison of Peace）组织的创始人，他说过，"别去听对方说了什么。"没错，别去听对方说的话，而是要去关注对方透露出的情感信息。你的朋友紧张吗？害怕吗？伤心吗？然后根据你接收到的信息给出反馈。

如果你能积极地倾听，就可以在友谊中建立起信任，还会让朋友们更愿意继续找你聊天。你不仅要接收信息，还要让自己的朋友知道，她值得被倾听、被了解。友谊的一大要素是，感觉被对方看见真实的自我。因此，多项研究表明，积极倾听的人比不这么做的人更具有社会吸引力，这也就不足为奇了。

最后，积极倾听不仅是一种重要技能，也是你需要向朋友提出的重要需求。倾听必须是双向的，要是没能做到双向，那就还有很大的发展空间。为了过程能顺利进行，你需要先做好铺垫。如果你想跟朋友分享一些沉重或悲伤的事情，不要冷不防地告诉她。在打电话之前，你可以先给她发信息：你今天能给我 15 分钟时间吗？我真的想跟你聊聊。这样，你的朋友就可以腾出时间来专心听你讲话。而且你也让她知道了，你打电话不是为了简短地聊聊近况，而是需要她做好倾听的准备。

（2）表达

与积极倾听相对的是表达。要想拉近与某人的关系，你就得分享自己。倘若不去表达自我，你就无法被真正地看见。你不一定要说出自己最深、最隐私的秘密，但你说出的一定得是自己在意的事情。跟朋友聊聊你爱上的一本书，你对当前政治的看法，以及你对即将到来的探访姻亲之旅的感受。如果有沉重的事情，也别去隐瞒。记者琳兹·沙尔夫跟我说过，有一次，她的一位朋友在渡过困境以后才把事情告诉她。"我问朋友为什么不早点儿告诉我，她答道：'哦，我不想给你造成负担。'我真的大吃一惊。如果一位密友跟我分享她的遭遇，我并不会觉得有负担。假如你不想告诉我，假如你不想让自己的人生遭遇给我带来负担，这几乎是对我的侮辱。因为分享就是友谊的意义所在。"

（3）守口如瓶

这是显而易见的，别以为你能判断一位朋友的故事是否可以公之于众。如果大家知道你会拿她们的故事当谈资，那她们就不会再向你展示自己脆弱的一面了。你也不能把一位朋友的大事告诉其他朋友,这就抢了她的风头。我的朋友安妮告诉我,有一次她的一位朋友跟她合写了一本书,这位朋友把书的事情告诉了安妮刚分手的男朋友。"我真不敢相信。我又不是不跟他说话了。毋庸置疑,我本来是想亲自告诉他这件事的。我知道她跟我一样,为书的事情而兴奋不已,但我觉得她有些越界了。"

(4) 友谊优先

给朋友发个消息取消聚会,这是再容易不过的事了。我曾是这方面的佼佼者。不知道有多少回,我乐得手舞足蹈,因为自己收到了一位朋友的电子邮件:"非常抱歉,但我得改天再约了!"太——好——了。但你必须为友谊付出时间和精力。有的时候,这种感到解脱的反应是在暗示你要重新审视这段友谊了;还有的时候,它是在暗示你自己出了差错。人们总是说对婚姻要下功夫,对孩子要下功夫,可不知为何,友谊就该是轻松的。如果我们被其他人际关系或责任压得喘不过气,我们就可以把友谊当作中场休息。但友谊跟人生中的其他事物没有什么区别,要想有回报,你就得先投入精力。当我跟莎思塔·尼尔森聊起这个话题的时候,她打了个比方,令我发笑。"如果每月只去一次健身房,你就不会看到效果。

'看吧,不管用!'你要是这么说,那就错了。必须增大强度,你才能见效。"在每周漫长的工作结束之后,你可能会觉得,与朋友一起吃顿早午餐不过是又一项义务罢了——可是,你会在这样的聚会中对着咖啡和鸡蛋大笑,结束之后也总会满心欢喜。

(5)创造仪式

与朋友持续开展一些"对你胃口"的活动。创造及保持一些仪式能够增进友谊,并且使其变得与众不同。如果你清楚自己可以对将要跟某位朋友一起做什么抱有期待,你就会产生安全感。雷若芬和她的至交好友菲奥娜(Fiona)住在不同的城市里。她俩保持联系的一个方式是共度旅程时光。"对我和菲奥娜来说,步行是很对我们胃口的。几年前,我们去了纳什维尔。我们可以第一天走20千米,第二天再走30千米。还有,跟别人走在一起的时候,你不能戴耳机,不然就太没礼貌了!我们计划好了一起步行,期间我们会聊个不停。"

仪式不仅是十分美好的共同经历,还可以起到修复的作用。在我与朋友杰特进行交谈的时候,她讲述了仪式的重要性:

> 友谊中的仪式习惯常常是在不经意间养成的。如果生活安定,没有遇上大的变动,我们就可以很轻松地保

持这些仪式习惯，如上瑜伽课、做手足护理、去徒步旅行、度过电影之夜。友谊中的仪式习惯常常帮助我们养成健康的生活方式，促进我们的个人成长。朋友会激发探索的新想法，拓展经历的边界。然而，如果友谊的发展受到阻碍，如果其中一方遇到了亲友离世、离婚、分娩、照顾老人等情况，事情就会乱套了。更加关注自己与朋友之间的仪式吧，这样你们就都可以从人生的不顺之中振作起来。假如生活将我们连根拔起，这些仪式会让我们保持联系、回归平衡。

唱歌是最能拉近关系的活动形式。罗宾·邓巴说过，与朋友一起进行任何形式的运动，你体内的内啡肽含量都会上升。同步进行的活动会让我们更加受益。此外，一起唱歌或跳舞的活动要求双方进行合作并集中注意力，因此带给我们的满足感远远高于做手工等更轻松的爱好。这或许就能够解释多伦多的"合唱！合唱！合唱！"（Choir! Choir! Choir!）合唱团为何会如此火爆。"合唱！合唱！合唱！"是一个临时性的合唱团，每周组织活动，主要合唱流行歌曲。该合唱团自2011年起开始活动，在油管（YouTube）上发布的视频几乎全都成了热门。如果你不想参与合唱，那也不必勉强，不过你可以想想自己和好朋友一起开车时，你们放声歌唱所带来的那种喜悦。

（6）容纳问题

我们会有一种错误的认知，即友谊必须完美。如若不然，对方一定是个差劲的朋友；或者，我们自己是差劲的朋友。

在恋爱关系中，我们会说出自己伤心或失望的感觉。这并非易事，但我们多少能摸到些门道。你会告诉自己的另一半，他把脏衣服扔在地板上的行为让你感觉自己像个佣人。你会告诉自己的男朋友，他在吃饭时接电话的行为把你气坏了。"我一直都说，经历了这些对话之后，我们会觉得关系变得更加亲密了，"尼尔森说道，"因为我们觉得自己可以信任对方了，我们还和对方一起处理了问题。可是，我们却从来不会给朋友这样的机会。"

雷若芬也同意这一点。"尽管女性友谊得到了高度的赞扬，这也绝对是件好事，但是我们造成了一种假象，从而给友谊带来了不利的影响。这种假象是：友谊是一种自然发展的、无需练习即可奏效的魔法。"

我的朋友杰特补充道："我认为，问题在于没有一种围绕冲突的文化。有关冲突的讨论仅限于恋爱关系。朋友之间不知道该怎么就冲突沟通，也没有快速解决问题的办法。因此，等到发生冲突的时候，它就会产生巨大的影响。它会被误解为一个非常、非常大的问题，因为它太罕见了。"

"我曾经因为芝麻大点事儿就取消了对朋友的关注，"克里斯尔·林说道（她是出现在第三章的那位网络红人），"现在回想起来，我可能不该取消得那么快。我应该为自己的行为负起责任，从自己的错误中吸取教训，并且与对方沟通，让自己变得更好。我们应该形成负责文化，而非取消文化。"

　　由于坚信友谊中只有美好时光，我们轻视了自己的友谊。如果你能给朋友一个更好的对待你的机会，或是给自己一个更好的对待朋友的许可，友谊就会获得成长、变得复杂。你可能不敢承认某人伤到了你的心，但只要按照布芮尼·布朗的建议，假定大家都尽力了，你就更容易把话说出来。此外，要想建立稳固、复杂的友谊，本书先前讨论过的破裂与修复是关键。

（7）适度为宜

　　这并不是说，你和朋友就不能发牢骚，而是要告诉你，注意这些经历带给你的感受。假如你一直处在一个消极的八卦圈内，或者总是和一位朋友闹得轰轰烈烈，那么你就该评价一下这段友谊带给自己的感受了。每当尼尔森面对一大群听众时，她就会请听众评估自己的友谊，判断友谊三角的哪一面（积极、持续、脆弱）是她们友谊中的最大难题。她发现，人们总说持续是她们的头号难题。这很合理，因为我们都很忙,很难抽出时间来陪朋友。然而,尼尔森接着做了一个更全面的亲密感测试,却得到了完全不同的结果。积极一直是最低分。

她对此的解释是,虽然我们十分清楚自己的日程安排,以及距离上次跟某人见面过了多久,但我们不太在意自己带给朋友的感受。在与你分别之后,你的朋友是否感受到了大家口中的那种友谊的快感?魔法。野性。不同的女性对此有不同的描述。归根结底,说的都是这种美妙的感觉,我们能够在友谊中获得它,并且一直渴望得到它。还是说,你给朋友们带来了疲惫不堪的感觉?

或许正因为如此,人们才会认为持续在自己友谊中的问题比积极更严重。尼尔森说:"如果我跟一位几个月见一回的朋友共度了'快乐时光',而我回家后的感受是'哦,还行',并且我的大脑没有产生那种'太棒了,我等不及下次见面了'的感觉,那么我就不会持续下去了,因为这没有给我带来任何意义。"

体谅朋友的情绪是平常且重要的行为。假如一位朋友正准备离婚,那么即使她不逗乐了,你也不会对她有意见。但是,假如一位朋友没来由地态度恶劣,你也不知道该如何应对,那你就遇上麻烦了。

（8）慎重对待三角友谊

多人之间的友谊是很常见的。它们可能造成的复杂局面也是如此。我们会不假思索地打电话给一位朋友，发泄自己对另一位朋友的不满，却没有跟这位惹我们生气的朋友说实话。只要一发牢骚，你或许就会觉得轻松了许多，但是问题并没有得到解决，你还把别人卷了进来，而且这种做法非常差劲。有话直说是更加困难的选择，但也更为有益。还记得我的朋友桑尼·哈瑟尔布林吗？她从自己的童年经历中学到的是，出了问题要跟别人沟通，而不是直接去跟本人谈。"我学到的是，要找别人来讨论某人，不要去找自己本该面对的这个人。正因为这种做法，我的一段友谊破裂了。这并不代表那时这段友谊是健康的，也不代表我希望这段友谊能延续。然而这段友谊结束了，就是因为我跟别人讨论了这位朋友，然后被她发现了。"

（9）认清差异

我们会以为自己的经历具有代表性，这是人之常情。有几项研究从各个方面探析了这一现象，它被称为错误共识效应（false consensus effect）。大致是这样的：假如我想在考试中作弊，那么我就倾向于认为作弊是正常行为，至少是常见行为。假如我了解某个话题，我就会认为大家都了解它。如果你身边的人大都跟你相似，这个效应的威力就尤为巨大，因为你几乎不会接触到与自己不同的人。要是有证据表明这种共识是不存在的，我们就通常会认为那些不赞同的人哪里出了问题。说的就是你，脸书。更糟糕的是，"另类事实"的概念已经在美国的文化中传播开了。而这只是单调的孤岛生活给友谊造成的其中一种损害罢了。

我问雷若芬，她和《说出你的趣事》的联合主持人萨莎·汤收到的最常见的友谊困境是什么。她的答案让我大为震惊："我们收到的很多问题都涉及了不同阶层的人之间的友谊。比如'我的朋友想这样度假，可我负担不起'。"

这让我想起了自己的朋友莱斯利（Leslie）告诉我的一个故事。在她二十多岁的时候，她和我们共同的朋友瑞秋（Rachel）住在一起。她俩的事业都刚刚起步，整天忙忙碌碌，过得很开心。她们的好友团中还有第三个人，叫萨拉（Sara），出身于富裕家庭。"我们3人会制订外出游玩的计划，而萨拉总想去那些昂贵的好莱坞餐厅，我俩就会说：'我们去不了那里！我们父母不帮我们付账单的。'她就会说：'哦，那我来付吧。'钱的事情弄得我们很难堪。我想说的是，要把自己很穷的事实告诉别人多少次才行啊？这成了一个大问题。"

除了财务上的差异，我们要注意的差异太多了。现在还有谁不知道政见不合会引发怎样的后果吗？不同的成长经历会让人形成一套全然不同的观点,进而影响到人际关系,冲突和庆贺这两个方面的观点影响尤甚。如果能真正地理解对方的一切,我们就可以创造出广阔的空间来加深关系或解决问题。忽略这些差异则会起到反效果。你也许能够毫不费力地反驳:"哦,我知道某某在这里出生,在那里长大……"可是,这些经历如何引起了她的共鸣,如何塑造了她,以及如何体现在你们的关系中,这些你都清楚吗?在讲述自己的经历时,你是否采用了细致入微的方式,从而增进对方的理解与共情呢?

(10)尽力陪伴

我们都曾惊恐地目睹一位朋友做出选择,而我们知道结果会惨不忍睹。这种事或许不是第一次发生了。太令人痛苦了!如果你在意自己的朋友,你可能就会更清楚地看到他们即将踩到的坑,而且你自然就想去提醒他们。然而,这大概是友谊中最棘手的一个领域了。你的朋友何时需要你出面,何时需要温和的建议,又何时需要你闭嘴,这要怎样才能弄得清呢?

首先,你必须考虑一下风险。假如她买了一件毛衣,那颜色她很喜欢,而你却觉得非常不适合她呢?除非她一定要听听你的看法,否则你还是别说话了。假如你怀疑她遭到了男朋友的虐待，已经身陷危机了呢？你绝对要出面保护她。不过事实上，绝大部分情况都处于这两种极端之间。

其次，了解一下你的朋友是否需要建议。众所周知，发牢骚有时候是世界上最爽的事情。抱怨的感觉太好了！直接地问你的朋友想要什么。她是想得到你的建议，还是只需要你同情地听着就好？你要是贸然打断她，就有可能落得失去友谊的下场。我认识一个人，她猛然顿悟，认为至交好友的未婚夫根本不适合她这位朋友，认为自己的朋友可以找到更好的人。但10年以后，这对夫妇仍未离婚，而这段友谊却走到了终点。

我的朋友桑尼对我说，她已经学会如何把握这个度了。

> 我觉得非常重要的一点是，不要去评判自己的朋友。我们可能会说："啊，这是个错误的决定。"其实，就算不赞同朋友的选择，你也可以满怀关爱地帮助他们。之后，如果你对他们的预测应验了，不要说："我说什么来着！"你应该希望自己的预测错了。我付出了惨痛的代价才明白了这个道理，就是因为我喜欢去评判他人。

在一位朋友遇到不孕难题时，桑尼尽全力相助。倒不是说桑尼认为这位朋友做了错误的决定，而是她没有认识到生育是多大的事：

> 我心想：哦，天哪……我不懂这有什么难的。后来，我自己也有了同样的经历。在这期间，她无微不至地帮助我，才使我明白了人生很长。即使我现在无法理解某件事，那也不意味着我将来就不会碰到这种情况。这有点儿像那条黄金法则：你想被怎样对待，就怎样对待别人。

这并不是说，看到朋友犯了错，你也得一言不发。桑尼接着说道：

> 你不必在自己的友谊中装聋作哑，隐瞒实情。如果你爱一个人，希望对方幸福，并且想留在对方的人生中，你就要学会与对方进行艰难的谈话，且要带着爱意。我认为，只要你说出了自己的看法，就够了。你做到了。不要让对方觉得遭到了你的抨击，或是被你逼至绝境。如果某人的生活方式让你耿耿于怀，那就不是这个人的问题，而是你的问题。

关于这两种角色，汤都有过经历。

> 在二十几岁的时候，我谈过一段很烂的恋爱。他对

我不忠。这太糟糕了。他还是一个高功能型的酗酒者。那时，我有一位支持我所有决定的朋友。假如某天我想挽回这段恋爱关系，她就会说："好的，我们就这么做。我们来试一试。关于要怎么做，我来给你一些建议吧。"第二天我又会说："我想离开他。"她就会说："好的，我帮你离开。我们会成功的。"她几乎是巧妙地制订了计划，潜移默化地影响着我。她一直在引导我，尽管我认为是自己做出的决定。在我茫然不知所措的时候，她向我伸出了援手。一扇大门向我敞开了，不带任何评判，至少没有当着我的面评判！很重要的一点是她给我留了这扇门，因为她知道事情不会那么顺利的。这类情况很少有顺利的。

虽然汤在自己的好友团里被称为修复者，但她知道自己是有极限的。

如果你带着问题来找我，并且一直这么做，一次又一次，一年又一年——总有一天，我的忍耐会到极限的。我会对此感到厌烦的，因为我不会改变自己的建议。于是，一段时间以后，假如我的建议没被采纳，我就会生气，我觉得这是我的一种糟糕的友谊品质。我不认为这是个好法子，但总有一天我会说："不了，谢谢。你别再问我这个问题了。"

我认为这非常合理。你可以用一种充满爱意的方式让朋友明白,你实在是受不了一遍又一遍地谈论同一件事,却不见对方想做出改变的感觉了。这并不代表即使情况有变,你也不愿意参与讨论。而且,这种做法是一种温和的鼓励,或许真的能让你的朋友做出改变。

(11) 表达谢意

增进友谊最重要的方法大概就是,表达自己对朋友的谢意。有很多研究关注过表达谢意所构建的心理联系和社会联系。当你感谢朋友的善意举动时,他们会明白你很重视他们。反之,当朋友注意到你的善意举动时,你也会感受到谢意,觉得自己被当作了好人。如果你的幽默、你的善良、你使用摇酒壶的方式、你对 20 世纪 90 年代流行歌曲的深入了解,或者其他的优点让你得到了朋友的夸奖,你就会很开心。而我们希望这种开心的感觉越多越好,因为我们喜欢当高手!其实,只要向朋友表达谢意,你就能增进友谊,并且增大他们更好地待你的可能性!知道自己的朋友很棒固然是件好事,但你必须要把话说出来才行。

测试时间

我跟自己的至交好友苏菲（Sophie）坐了下来，一起做了后面的那份朋友问卷。毫无疑问，她在我的人生中属于生死之交。换言之，在居家隔离期间，她绝对在我那个与世隔绝的气泡里。我们之间的友谊漫长而曲折，始于我雇用了刚刚大学毕业的她，当时的她刚从纽约搬回洛杉矶。尽管我俩相差了10岁，刚开始的时候也只是公事公办，但随着时间的推移，我们变得越来越亲密。我们一见面就擦出了火花，此后便一直在培养这段友谊。由于我的父母和弟弟都不在洛杉矶，苏菲和她的家人就成了我在美国的代理家人。因为她是一名成功的珠宝设计师，所以她还能够激发我的创造力，对于这一点我是非常喜欢的。一方面，这段友谊感觉像一种注定会发生的神奇关系。但是这种感觉会导致一个问题，那就是我们会觉得没必要一起检查这段友谊的状态，这么一想的话，我们就犯了错误，或者可能错失了良机。当然，我们也闹过各种不同的小矛盾。比如她会过度地分享自己所有的情绪，而我则过度地隐忍克制，但我们已经克服了各自的小毛病，重归于好了。可笑的是，在筹备本书的过程中，苏菲是我的最后一位采访对象。意识到这件事的时候，我大为震惊。在友谊这方面，她本该是我最先采访的人！怎么会变成这样呢？我把这段友谊及其神奇之处视为理所当然了吗？还是说，因为我知道她随时都愿意帮我，至交好友都是这样的，所以我就不必优先考虑她了吗？于是，当我想到要为本章设计一份朋友问卷的时候，我知道自己想跟苏菲一起做这份问卷，不是因为我们之间有矛盾，而是因为经过这么多年以后，我想跟她一起好好检查一下这段友谊的状态。

苏菲欣然地接受了这个挑战。有天快到中午的时候，她挺着7个月大的肚子，神采奕奕地走进我的办公室。"那么，你是要把我骂得狗血淋头吗，还是要怎样？"她边笑边随意地坐在了我对面的沙发上。在她来之前，我自然是有些忐忑的。我们会不会很尴尬？问卷会揭示什么呢？然而，她一坐在我面前，我立刻就感觉轻松极了。我认为在整个过程中，这一刻大概是最能反映我们之间真实情况的。有她坐在身边，我就知道无论发生什么，我们都不会有事的。这种感觉应该成为我所有亲密关系的目标。

我不会透露我们讨论的细节——因为这是私事，不过我想说：不论你的人际关系状态是好是坏，找个时间与真正亲近的人坐下来，一起深入地探讨这段关系，为这段值得为之努力的关系付出，你们绝对会收获更好的结果。就算只是为了把话说清楚，也应该这么做。如果这段关系无法承受这样的坦诚相待，那么这段关系真的有必要存在吗，还是说你仅仅跟对方进行过一些漫无目的的交流呢？只有问出了下列问题，并积极倾听对方的答复，你才能知道真正的答案。

❀ 我该怎么做？

虽然我们都知道，信任与忠诚是成为优秀朋友的基础，但我们的绝大部分行为都还有改进的空间。比如说，你或许是世界上最忠诚的朋友，可是在与某位朋友聚会时，你大部分时间都在看手机，那么你就要做出改变了。跟前面讨论过的很多内容一样，这一部分也与认知密切相关。先单纯地观察一下自己跟他人面对面时的互动方式，这样你就有可能获得足够的动力来练习友谊的技巧。

去找你最重要的朋友，跟他们坐下来一起讨论这份问卷。我的建议是，先做问卷，再出去喝一杯，不要把顺序搞反了！

说出你喜欢我的几个点。

你会如何定义我们的友谊？

是否曾有哪个瞬间让你觉得我们会成为朋友？

关于我们的友谊，你有什么最美好的回忆呢？

我们的共同点有哪些？

你认为我们最大的不同点有哪些？

你上次被我惹怒却一言未发是什么时候？

你为何一言未发？

你上次（如果有的话）对我感到失望是什么时候？

我上次向你表达爱意是什么时候？

你是否觉得有些话题是无法与我讨论的？

关于你，有什么是我不知道但你想让我知道的吗？

关于你对我的要求或需求，有什么是我还没做到的吗？

你的友谊超能力是什么？

我跟我朋友约兰德（Yolande）是通过她的室友特洛伊（Troy）在蒙特利尔的一场聚会上认识的。聚会在她们的公寓里，当时我俩都还很年轻。我记得我在20岁左右，她则是19岁。当时我已经毕业了，并且进入了时尚界工作，而她还在上学，快要毕业了。总而言之，我们相遇了，并且我们之间产生了巨大的美妙能量。就是那种志趣相投的感觉。再加上特洛伊，我们成了至交好友。毕业后，约兰德搬去巴黎住了一年。在这段时间里，我非常想念她，于是我们决定给彼此写信。这是最为奇妙的经历。一年后她搬回来了，可随后我又搬走了。结果，我在世界各地到处搬家，一开始是因为我的事业，后来是因为我丈夫的工作。但是，无论我去往何处，无论她身处何方，我们一直都通过写信保持着联系。这些信件让我开心极了。我要是去信箱一看，惊喜地发现我朋友刚寄来一封美丽、完美的信，那就是我最开心的时刻了——那时离短信和手机的时代还早得很呢。信件具有亲密感，就如同我们自己的私人世界。而且，直到在信箱里发现了信，我才会意识到自己对此是多么地期待，每一次都不例外。光是看到她在信纸上留下的笔迹和她的遣词措意，我都感觉像是跟她一起坐进了个小气泡里。给她回信的感觉也很美好，就如同写日记，但我真切地感受到自己得到了倾听，而不是仅仅在自言自语。通过写信，我看清了真正重要的事物，因为这才是我想与人分享的东西。因此，在写每一封信的时候，我都会回顾自己的人生。我们之间的通信已经超过25年了，真的太奇妙了！现在有了短信和手机，我们大多用这两种方式聊天，不常写信了，不过每当我们相聚之时——我会飞去蒙特利尔见她，她会来洛杉矶找我——我们常常回忆起那些信件往来。去年，我们在纽约度过了一个专属于姐妹们的周末，她带了几十封信来，让我非常惊喜。我们一起大声地朗读了它们。哦，我的天哪！我们曾经分享给彼此的那些故事，我们生活中的那些不同之处。不可思议的是，年轻时的我们给远方的彼此分享了记忆，而现在的我们又在小酌几杯后，一起读信来重温这些记忆。每封信中都饱含爱意。

海琳·科诺-科恩
关于友谊中的仪式

第九章

友尽"指南"

大约在一年前,我和劳拉(Laura)一起吃了顿午饭。她是我在我儿子学校里结识的新朋友。她来自比利时,刚到洛杉矶不久。她也是一位作家。在我眼里,她是个非常酷的人。当我跟她坐在津克(Zinqué)餐厅里喝咖啡的时候,我们聊起了各自手上正在进行的项目。当我把(仍处于初创阶段的)本书介绍给劳拉时,她便兴致勃勃地插了进来:"哦,我的天哪!我喜欢这本书。我去年刚跟一位朋友绝交了!"我顿了一下,然后问道:"你是什么意思?就是,真的绝交了吗?"她一脸迷茫,说道:"嗯,对啊,你说的不就是这个吗?"

此前,我是从偏向比喻的角度来思考绝交这个问题的。我还没有构想过真正的绝交是什么样的。我惊掉了下巴,对她说:"全都告诉我吧!"劳拉便详细讲述了在一年间,她和朋友杰西卡(Jessika)为了各自的发展而渐行渐远的过程。即便如此,杰西卡仍然坚持要安排两人见面。杰西卡越是想聚在一起,劳拉就越是觉得抗拒。就算两人真的见面了,也没什么可聊的。每次分别之后,劳拉都为自己没能更努力地搞好这之间的关系而感到内疚。最终,饱受内疚困扰的她决定找另一位朋友聊聊这个情况，结果她得知这位朋友也是杰西卡的知己。显然，杰西卡也在烦恼自己与劳拉的友谊，因为只有她自己一头热。正因为此，劳拉决定结束这段友谊。

"你是怎么做的？"我问道，同时紧张地在座位上动来动去。

"就跟我和男朋友分手一样，我打电话给她，约她见面，告诉她我们需要谈谈。"

"然后呢？"我又问。这时我几乎要坐不住了。

"她来了之后，我就说明了自己的感受，告诉她我觉得这段关系已经走到了尽头。我告诉她，我没想伤她的心，但我也知道自己的不坦率已经伤害到她了。"

最后，她们就此分开。杰西卡心里很难过，也许还有点困惑，但劳拉觉得如释重负，并且相信自己做了正确的决定，对她们两人来说都是如此。我印象最深的不仅是劳拉对自己的尊重，还有她对杰西卡以及所有友谊的极大尊重。她希望在自己的人际关系里，每个人都能幸福。对劳拉来说，这就意味着有时她必须得结束一段友谊。她深深感受到，剩下的友谊全都从中受益了——她能把更多的时间用在真正合得来的友谊上，她也愿意恪守优秀朋友这个词的定义。

坐在那里听劳拉讲故事的时候，我深入思考了一个观点：万事万物都会走向终结——人生也不能幸免。难道我们不应该掌控友谊的终结，并且尊重这样的经历吗？对于一段合不来的友谊，与其选择不作为，担惊受怕，或是不大高兴地忽视问题，何不选择放手呢？跟人生中其他有意义的事情一样，不论是与恋人分手还是辞去一份工作，做出了结总是艰难且痛苦的，但这些都不能成为不去做的理由。安于现状只会让你流失力量和创造力。

那么，为什么我们这么忌讳绝交这件事呢？忌讳到时不时跟我们想绝交的对象玩失踪，而不是直面结束友谊的痛苦。别人经常问我的一个重要的问题，不是他们是否应该结束一段友谊，而是该如何结束。而事实是，结束友谊没有万金油方法。每段关系，包括其终结在内，都是与众不同的。

不过，如果你想要绝交，其实还是有一些通用因素可以考虑的。虽然从"是友"到"非友"的道路并不平坦，但我为你绘制了一张大致的地图。

首先，你要确定自己是真的想要绝交，而不是因为被对方伤了心或是感到日益不满，所以做出了草率的决定。在前几章中也说过，在用上最后这招之前，其实还有很多工作可以做。或许你们的友谊只是需要做些调整，不必走向终结。你可以扪心自问，看看自己能否运用第八章中的某个健康的友谊习惯来改善这段关系。

同理，如果你觉得某位朋友在疏远你，你不能总怀疑自己被对方抛弃了。在筹备《有毒的友谊：了解规则并学会应对打破规则的朋友》(*Toxic Friendships: Knowing the Rules and Dealing with the Friends Who Break Them*) 一书时，苏珊娜·德格斯-怀特找了多位女性来聊她们自己的经历。其中一位女性曾发觉自己有位朋友"人间蒸发"了。她的朋友不回她的电话了,于是她决定跟朋友当面谈一下。据德格斯-怀特回忆,这位女性是这样讲述那次谈话的:"她说:'我觉得你不像以前那样支持我了。我真的非常担心。发生什么事了吗?'对方说:'一个月前,我丈夫确诊癌症。我不想把这事告诉任何人。我不想坏了大家的兴致。我一直在与之斗争。'然后,这位女性意识到,她的朋友比以往任何时候都更需要帮助,但却在下意识地推开帮助。"把话说开后,两位女性都觉得心头的大石头落了地。

其次,你要考虑这段出问题的友谊在自己朋友圈中的关联。这位朋友属于你的某个朋友圈吗?如果你有个先普拉提再早午餐的周日自我关怀小组,而你决定跟4位成员中的一人绝交,这个小组会怎样?如果你有对情侣朋友,而你想疏远其中的一位,因此不能再跟他们进行晚餐聚会了,她的伴侣会不会很伤心?朋友圈或许能够起到缓和冲突的作用。如果你们5位女性组成了一个朋友圈,你就可以多跟自己最喜欢的人聊天,并且相对地避开自己不喜欢的人。然而,假如你们之间存在更为激烈的矛盾,你可能就没法为了群体的和谐而委屈自己。你还可以在自己的朋友圈中建立分支。还记得米歇尔·肯尼迪吗?她开发了"花生",一款帮助妈妈们寻找同为妈妈的朋友的手机应用程序。她很后悔当初没有这样做:

为了保全群体，我失去了一位朋友。当时我们在同一个朋友圈里。而这位女性朋友，由于许多可能有些傻的小事，导致她不想再待在这个群体里了。她实在不想再跟其他女孩出去玩儿了，但她仍然想跟我保持友谊。当时我是这么说的："别啊，别这样嘛！我们是一起的。我们是个四人组。我们就该这样！"最终，我因此而完全地失去了她。对此我很伤心。这么多年过去了，这件事依然让我相当伤心。伤心归伤心，当时我还是向她伸出了橄榄枝来求和，虽然我觉得这对我不公平。

可惜，那位女性并没有接受。也许她觉得自己遭到了肯尼迪的拒绝，因为肯尼迪没有在一开始就选择她？"我想，假如可以重新来过，我不会再想要保全这个朋友圈了。等到她告诉我，'你猜怎么着？我不想再待在这个群体里了。我只想当你的朋友。只爱你。我不想再跟其他女孩待在一起了。'我想我会说，'好啊。'"

再次，你还得考虑：这是一段怎样的友谊？这位朋友是真的跟你很亲密，还是说你们只是由于某种情况才共处了很久？你已经在这段友谊中投入了多少时间？

玛丽亚·梅努诺斯对我说，有些友谊经受住了她的成功，还有一些则没能熬过去。"当你在追逐梦想的道路上获得成功时，有些人会为你感到高兴，而有些人不会为你高兴。有些人想和你一起成长，而有些人不想这样。因此，会发生绝交这样可惜的事情。"并非所有的变化都像梅努诺斯的成名经历一般不同寻常。一些平淡的理由也可能让你产生结束一段友谊的想法。毕业以后，你由于工作原因去了别的城市，突然之间，你就不会再想起宿舍里的室友了。你的孩子去了新学校，突然之间，那些同为妈妈的朋友就被淡忘了。德格斯-怀特告诉我："如果我们觉得人是不断变化的，那么我们就不想一成不变。而如果一段友谊不够坚固、不够灵活，无法承受个体的变化，那么这段友谊也无法获得改变或成长。于是，无法承受成长的友谊就会走向终结。"假如你发现一段友谊经受不住转变，那么这就是一段实用的友谊。这并不代表它不美好，只是它不像核心友谊那样成熟。或者，正如梅努诺斯所说："有些时候，你只要把对方当表亲对待就行了。我仍然爱他们，希望他们幸福，但现在我把他们当表亲对待。"

在这种情况中，你不需要表现得太过主动。你可以拉长通话的间隔时间，减少安排的次数——基本上顺其自然就行。

由于缺少应对冲突的经验，许多女性会跟自己不想再见的朋友玩失踪。下列两种糟糕的情况简直是半斤八两：被告知某位朋友不想再见到你了，或是发现一位朋友莫名其妙地消失了。当然了，告诉别人你对他们的情感发生了变化是件很困难的事，但如果你做到了，他们就不用花心思去琢磨这到底是怎么回事了。

安妮塔·查克拉巴蒂说，女性在心理治疗中谈到友谊，常常是因为一段友谊结束了，她们却不知道原因，而且她们常常会觉得十分悲伤与痛苦："'全然接受'的概念由塔拉·布拉奇（Tara Brach）在她所著的《全然接受》（Radical Acceptance）中提出，而后在玛莎·莱恩汉博士的辩证行为疗法中得到了进一步的发展。这一概念建议读者承认自己当前的感受，并抱着接受和同情的态度来接纳这种经历。"查克拉巴蒂接着说道：

> 心理治疗中有一部分内容，是要学会接受和承受以前无法忍受的事物：要优雅且勇敢地面对实际情况，不能视而不见或否认其存在。一段关系结束了，我们可能会感到痛苦，有时是生理上的，有时是心理上的。但是，如果我们学会去接受痛苦，这种折磨就会变轻，我们也会从这种经历中得到成长。玛莎·莱恩汉博士发现了一种心理状态，将其命名为"智慧心态"（Wise Mind）。当处于智慧心态时，你会接受自身的感受，同时也会用一种更为冷静客观、更加合乎逻辑的方式来思考现状。智慧心态还附赠了一点功效，让你明白万事皆有因，纵使此刻有痛苦，等到将来再回首时，你就会发现这段经历虽然痛苦，却也让自己有失亦有得。在各种心态之中，智慧心态能够让你看到事物的正反两面，让你学习

一切的经历，不论好坏，从而变成自己注定会成为的那种人。

可是，有些时候你会碰上更为夸张的事情，如谎言、欺骗、打架、暗箭、操纵。遇到这些情况，你要做出更激烈的回应——绝交。有时你是主动绝交的一方，有时你是被绝交的一方。

对于特蕾西·摩尔来说，这两种角色她都体验过。"我在大学时结识了一个人，对她来说我是个差劲的朋友。当时我认为，这位女性需要我在这段友谊投入更多，但我不想这样。于是，我也不去正式地结束这段友谊，而是一直敷衍她，直到她来找我当面聊这个问题。那次我们不欢而散。"这位女性在摩尔工作时来找她，把双方的谈心弄得很尴尬，或者说很失败：

> 如果一位朋友告诉我，我付出的关心、帮助和时间是不够的，那么我就很难在她面前完全展示自己脆弱的一面，也很难和她一起跳进困局。她完全在理。她怒气冲冲地找上我，把我自己的情况告诉了我，而我无言以对。我说："你说得对。我一直是个糟糕的朋友。"她说："好吧，那我们结束了。"然后她就跟我绝交了。我非常难过，但我完全能够理解她。我对她的付出不及她对我

的付出。

反过来,当摩尔想要结束自己的一段有毒的友谊时,她没有找对方当面对峙。她从高中起就认识这位女性了。"她向来爱出去玩儿,向来乐于尝试,向来敢于冒险。"可惜,她不允许摩尔的人生中出现其他人。在摩尔上了大学之后,问题渐渐浮现出来。当摩尔把这位老朋友介绍给大学里的新朋友时,她会想方设法地挑拨离间,拆散摩尔的友谊。"只要我把她介绍给别的朋友,她就会把这些友谊全都拆散。我是在吃了很多次亏后才反应过来的。"由于反应得太慢,摩尔在大学毕业后继续跟这位女性做了几年的朋友。在摩尔与她丈夫利奥(Lio)的婚礼上,这位女性还当了她的伴娘。不过,后来利奥告诉摩尔的事情成了压死骆驼的最后一根稻草。

当时,利奥准备瞒着摩尔改造两人的家,他想请一位在电视上很出名的设计师参与进来,并且准备在看房的时候求婚,给摩尔一个惊喜。为了实现这一惊喜,他需要把她支开几天。他打电话给这位朋友,问她能否带摩尔去外地过一个专属于姐妹们的周末小长假。他会承担所有费用——酒店住宿,外出就餐,他全包了。"别忘了,"摩尔对我说,"我这位朋友是很喜欢出去玩的。她问利奥,'你确定特蕾西想跟你结婚吗?'他说,'嗯,我们已经谈过结婚的事了。'然后这位朋友说:'嗯……我不清楚。她的确没跟我说过这事。'她想搅黄这场求婚！我却在婚礼之后才知道这件事。我当时心想，到此为止了！"

摩尔知道这位朋友向来不太愿意展示自己脆弱的一面，因此就没法跟她坦诚地谈一谈她这些年的所作所为。如果直接跟她说"我们结束了"是不会有什么结果的。这位朋友的嫉妒之心一直昭然若揭。她不喜欢摩尔去外地上大学，也不喜欢摩尔在电视台找到了第一份工作。她给这场求婚使的绊子终于让摩尔认清了她这个人，于是摩尔再也不跟她说话了。"她就是个定时炸弹，也是我此生最有趣的一位朋友。"

这条路可不好走。即便你知道自己不应该再把某个人留在自己的人生中，你还是得思考最初为何会接纳此人。由于摩尔与这个人一起经历过太多的冒险，有过太多的美好时光，很自然地她会觉得与之分开是件很难的事情。"我心想：我可以保留这些回忆，但是不留你吗？这怎么可能呢？我必须抛下一切吗？我们去迈阿密的那些欢乐时光，去牙买加的那些旅行——我要全都扔掉吗？然后我意识到，不，这些回忆仍旧美好。那是我人生中的一段美好时光。"

假如有毒的朋友一直都表现得很有毒，那她们就不会出现在你的人生中，尤其是那种有点儿自知之明的坏心演员，她会用魅力或夸赞来弥补自己的有毒行为。在大学时期，萨莎·汤有位朋友，她时而态度恶劣，时而慷慨大方。"她经常会走在我前面，对我恶语相加，随后她却又会给我送礼物，或者给我做午餐，还会送到我的工作地点来。这是有毒的。然后我发现自己在利用这段友谊得到好处。就好比，我是个大学生，我没有钱，而你却送了我衣服和其他东西。"汤用一封电子邮件结束了这段友谊，告诉这位朋友自己无法接受她的行为。"我记得她回信来求我，说辞类似于'别啊，别啊，别啊'。我还记得自己没有回信，然后感到无比的自由。"

有些时候，尽管是你的朋友提出的绝交，但后来你会发现自己也有类似的想法。在20岁出头的时候，埃莉斯·罗南的一位朋友跟她绝交了，她一直都不知道是为什么。"现在想想，那时我们之间是一种奇怪的相互依赖关系，我几乎相当于她的男朋友。比如说，我会去做安排，还会去处理各种事情。结果她没给我任何理由就跟我绝交了，这很伤我的心，因为我没有得到正式的告别，我不知道自己做错了什么，或者让她受了什么委屈。"罗南想向这位朋友要个解释，却从未得到过答复，即使她们的社交圈相互重叠，她俩也偶尔会见面。"现在回想起来，我很开心是这样的结果，因为那时她在消耗我。"

在人生中，有时候你必须要选择顾全大局的做法，但这是非常困难的。其一便是与朋友绝交。不过，你要是换个看问题的视角，就可以从根本上消除自身的恐惧或忧虑。曾几何时，我们会认为持续不了五十几年的婚姻就是失败的婚姻。随着观念的发展，我们明白了事实并非如此。跟朋友绝交也是类似的道理。如果说一段友谊结束了，你却将其视作一种失败，或是认为浪费了时间，那么你就抓错了重点，并且深深地伤害了彼此。从今天起，把绝交看作一段关系的自然消亡，别把它当成彻头彻尾的失败。除非你明知道一段合不来的友谊已经无法挽回了，却还是不肯放手，这才是失败。只要不这样做，你就依然可以保留自己与对方共度的一切美好时光，并且吸取教训，寻找导致这段关系结束的根本原因。

❀ 我该怎么做？

对了，我说过要给你份指南的，不是吗？正如我之前所说，你的情况是与众不同的。如果你想要结束一段友谊，那么我认为你应该思考下面的这些问题。

列出那些出了问题的友谊。

这段友谊还能修复吗？问问你自己，你有什么地方是可以改进的吗，即便是要进行一些艰难或痛苦的对话？如果有的话，我强烈建议你试一试。最差的结果也不过是这段友谊没能撑过去，但你已经考虑过这件事了！如果你成功了，你就能够加深这段友谊。或许，你已经为消除误会做了努力，但无济于事；又或许，你终于有点儿清楚你们长期以来是什么样的相处模式。

认清自己对当前问题应负的责任。别急着怪对方是有毒的朋友或是待你不好，先想想你自己对问题的发展起了怎样的推动作用。不管你会不会结束这段友谊，你都必须弄清楚自己该怎么做才会更好，这对于你自己的成长和你将来关系的健康都有好处。你当初为什么要忍受对方的恶劣行径？是什么让你觉得你需要这么做？

想象一下，假如对方不存在，你的人生会是什么样的，你又会有怎样的感受。这一步很重要。你是会觉得一身轻松，还是会觉得浑身难受？凡是面临重大决定的时候，这一招都很好使，它可以帮你快速确认自己的真实感受。想一想，这段友谊的结束还会给你的人生带来怎样的改变。你们同属于一个朋友圈吗？你们的孩子喜欢彼此吗？你是否需要把这件事告诉其他人？友谊结束后的这段时间通常很难捱，对于新现实的想象可以让你顺利地度过这一段时间。

你需要跟对方直接谈一谈吗？你可以不加解释地逐渐淡化一段职场友谊，但如果对方是与你相交多年的好友，那么出于对这段友谊的尊重，你应该找对方谈一谈，或者写一封信，或者发一封电子邮件。坦率的做法或许会使你失去那种温馨舒适的感觉，却可以让你保持对友谊这种关系的尊重，以及对你与对方共度的美好时光的尊重。要做到这件事是相当艰难的，就算只是思考一下，你的脑海里都会涌现出一千个放弃的理由。花时间好好想想，摘出放弃的正当理由，区别于你自己对此的焦虑和恐惧。

你想表达什么？你想让她完全明白你在这段友谊中坚持不下去的原因吗？她是否本来就知道自己越过了你的底线？还是说这会成为一个爆炸性新闻？要尽可能地照顾到她的感受。即使你打算跟她当面沟通，也要提前写下自己的想法。

你想怎么做呢？你能想象得出自己对她说"我们结束了"的样子吗，还是说你更擅长书面交流呢？如果你准备当面沟通，那么你的情绪可能会变得很激动！在你自己的脑海里进行练习，或者对着镜子练习。我不是在开玩笑！你可能会觉得这样很奇怪，但这是很重要的步骤，当你真的听到自己说出这些话的时候，你的情绪会受到刺激。你会难受。因此，你想要尽可能放松地表达自己的想法，这样才不会偏离了原意。直接告诉对方你不想再跟她做朋友的做法过于尖锐了，绝大部分人都是做不到的。如果你准备给她写一封信或者发一封电子邮件，那么你得好好斟酌自己的遣词造句。你要知道，肯定会有别人看到它的。不要骂人，不要造谣，要简明扼要，要尽可能地亲切有礼。这话一出，就是一辈子的事。

保持冷静。在认识到这段友谊已经走到尽头的时候，你很可能会感到伤心或是愤怒。在思考该怎么说或怎么写的时候，你要尽可能地照顾到她的感受。你表达的内容不能是出于对某件已发生的事情的应激反应。无论你要做什么，出于尊重，你都得先处理好自己的情绪，清楚自己想要表达的意思。但是，当你处于应激反应的时候，你就做不到这两点。应激反应下的举动是绝对不会带来理想的结果的。你的愤怒和伤心终将淡去，但你要是说了不必要的狠话，那你就会一直沉浸在自责之中。如果这次谈话让她很意外，她可能会感到难过，甚至会哭泣。她可能会认为你的记忆有偏差，会想让你回心转意。你要想象各种可能的情况，并且计划好该如何回应。

即便这段友谊是由你结束的，你也会感到伤心。你要允许自己缅怀失去的友谊。当初你们会成为朋友是有其原因的，就算彼此之间最终不适合，你们也有权拥有美好的回忆。不要因为自己找了个"错的"朋友就觉得内疚，这才是生活。实际上，根本就没有"错的"朋友这回事。我们试着建立不同的友谊，有些合得来，有些合不来。我们要从中学习，然后继续前进。

把这件事告诉那些该知道的人。你要是不说，等到他们偶然间听说了，那你就助长了关于自己的流言蜚语。在你们共同的朋友中，有些人可能会生你的气；要是这次绝交在你们共同的社交圈中引发了问题，这种可能性就格外大了。你需要向他们保证，他们可以维持他们的友谊，而你也得为自己打算。如果你继续跟某人做朋友只是为了让其他人觉得轻松自在，那就不必了，永远不要让人选边站队。你要是想把可能会对某人不利的事情告诉其他人，没问题。但是，除了告诉最亲密的生死之交以外，尽量少跟别人说坏话。假如做不到的话，你就给自己定个期限，一口气说个痛快，然后就此打住。

做好尴尬的准备。如果你们同处于较大的社交圈中，那你们就可能会碰到彼此。你或许需要从那个圈子里暂时抽身，让自己的情绪稳定下来，为自己设立一些界限。你愿意跟她一起参加聚会吗？晚餐聚会呢？读书会呢？怎么样才会让你觉得自在，由你说了算。想一想，假如你俩真的遇上了，你该怎么做。怎样才能尽快完成最为客套的交流？在脑海中预演你们碰面的各种可能情况，认真思考自己该如何回应，以及自己该是什么样的气场。我建议你尽量高抬贵手，假如做不到的话，你就得避开这些情况一阵子，直到你做得到为止。

发挥绝交的价值。把你曾经为这段友谊付出的时间与精力，投入到那些让你充满能量和快乐的友谊中去；把你从这次磨难中学到的经验教训，运用到现有的或是以后会有的新友谊中去，这便是黯淡绝交中的一线曙光。

友谊脚本

看看下面的这些情况，我知道，在这些情况下你会觉得根本开不了口。我会给你一些脚本。当然了，将来你会根据自己的情况写脚本，不过我希望下面的这些能带你入门。

情境一：曾经跟你一起玩耍的老友现在依旧每晚外出玩乐，你却待在家里陪着蹒跚学步的孩子。她每周给你发3次消息，说你成了个老婆子，还问你什么时候能出来玩儿。当你们真的聚在一起的时候，往日的那种欢乐却不复存在了。你俩对这段友谊产生了不同的期望。你可以这样说：

> 我要说一些比较难听的话了。我们现在的情况差太多了。我们曾经有过许多欢乐，但我也希望你明白，你

依然在享受夜生活，对此我没有任何意见，但我自己现在做不到这样了。而且，我不想为此而难受。说句实话，我一个月可能只想出去玩一晚，就算是这样，我也希望在9点前上床睡觉！我觉得，与其有个我这样的总是对你说"不"的朋友，你还不如找一个会说"好"的朋友。我希望你可以理解。

情境二：你结识了位新朋友，你们一见如故，结果她却支持一项你无法接受的政治议程。有时候他们的政治取向就是没有显露出来，谁会知道呢？你们相识于一门课程，因此在一段时间以后，你才得知她的政治立场。然而，此时的你们已经是每周一起吃两次午饭的关系了。你可以按照这个思路来说：

有件事让我有点儿难受，我必须跟你说一下。由于课程的原因，我们之间的话题总是围绕着书展开，最近才聊到了各自的政治观点。结果，我意识到了彼此观点的不一致。并不是说我认为立场不同的人不能成为朋友，只不过我也在努力践行自己的价值观。因为我觉得你的政治忠诚是有害的，并且会让我感到痛心，所以我不想装作无所谓的样子。我希望你能理解。

情境三：她会偷偷对你使坏。有一次，她明明可以在一位潜在雇主面前替你美言几句，可她却没有帮你。或许你一直都想知道，她是否在嫉妒你？你可以试试这么说：

我知道，最近我一直都躲着你，现在我想告诉你原因。你对皮埃尔（Pierre）说的那些话，我都听说了。当然了，你完全可以自由地表达自己的想法或感受。但你的话让我意识到，这段关系并非我想象中的那样。其实，你的话让我明白了，这阵子跟你相处的时候，我为什么总会觉得不自在。我也不想做那种玩失踪的人，所以我要告诉你，我们两个合不来——这样我们就不用装什么姐妹情深了。

两种普遍情况

有一种普遍存在的可能是，你被朋友冤枉了，虽然试过放下这件事，但你还是做不到，或是不想放下，那你可以这么说：

有件事情一直折磨着我，所以我想跟你谈谈。你也知道的，当初发生××的时候，我们两人大吵了一架。我不想翻旧账。我知道你诚恳地道了歉，此后也一直在努力维系这段友谊。我想告诉你，我已经听到了你的道歉，很感激你能这么做，并且真心地接受了你的道歉。我还想告诉你，我也曾努力过，想要放下这件事。但我就是做不到，也可能是我不愿放下。不管是因为什么，如果我继续尝试让这件事翻篇，一直为此而内疚，或是错误地认为自己很失败，我觉得这对我来说不公平；同样，如果你也一直为此而内疚，或者觉得自己想要修复关系是在白费力气，我觉得对你来说也不公平。正是因为我尊重与你共度的所有美好时光，也尊重自己对你和这段友谊的深刻感情，我才认为我们两个应该分开。有了喘息的空间之后，我们还能否重归于好，这一点我无法确定，但我知道不这么做就肯定是死路一条。我希望你能够理解和尊重我的决定。

又或者你只是感受不到友情了，这种情况下你可以说：

谢谢你今天抽空跟我谈话。我必须得承认，这会是一场相当艰难的谈话。首先我想说，我深深地爱过这段友谊。作为其中的一分子，我觉得非常幸运。我们曾经亲密无间。对此，我想跟你说一声感谢。然而，在最近这一段时间里，我感觉彼此之间的距离越来越远了。我说的不是空间上的距离——我们还是经常一起玩的。我的意思是，那种心意相通的感觉不见了。我不清楚你会不会有同感，但我已经试了很多种方法，想要找回那种感觉，可是都不起作用。虽然我知道这么做有些极端，但我认为咱们俩还是暂时分开为好。我不想为了图方便就跟你玩失踪，或者慢慢疏远你。我非常尊重我们共处的时光。出于尊重，我必须尽可能坦诚地对待你和这段友谊。你没有做错任何事。我也没有做错任何事。我只是觉得我们的友谊已经完成了它的使命，我希望自己关于这段友谊的记忆到此为止，别让它被不坦诚或没勇气的行为给玷污了。我真心希望你可以理解，甚至也有同感。

如果你被绝交了呢？

被绝交的第一种情况是被朋友躲着。很遗憾，这大概是最常见的方式了。你要是怀疑对方在跟自己玩失踪，打电话之前请先三思。你有何感受？你想念对方吗？你感到解脱了吗？经过思考之后，如果你意识到这段友谊不适合自己，也许你就可以放任自流。还是说，你知道自己在某些方面做得不好，至少要给对方道个歉？如果你不知道这是怎么回事，并且想弄清楚，或是知道原因，想澄清误会，那就去联系对方。问一些开放性的问题，如"你还好吗？你有什么想跟我说的吗？我是不是做了什么事，惹你不高兴了？"你不知道她会不会说实话，但你知道自己已经尽力了。

另一种情况是被朋友当面绝交。听到自己在意的人说要绝交，你的心里会很难受。不要觉得你必须马上做出回应。其实，不回应可能会更好。如果你的朋友在生你的气，你应该先花一分钟来好好想想她说的话，别急着替自己辩解，也别求她原谅。她说得对吗？你有没有把她为你所做的一切视为理所当然，抢她的男朋友，缺席了她的婚礼，说过她的闲话，或是做了别的事情？你能低声下气地认错道歉吗？这么做或许无法修复破裂的感情，但只要你承认了她说的是事实，你们两个的心里就都会好受一些。如果她说得不对呢？你确实没撒过谎、没骗过人，也没有忘记她的生日，或是犯了别的错。那就再花点儿时间思考一下你们的友谊。你们真的合得来吗？也许你没有注意到，你们之间的关系已经不如从前了？你是仅仅觉得自尊心受到了伤害，还是说你真心觉得这是一大损失？如果这段友谊已经走到了尽头，那么现在就是放弃它的好机会。假如你完全没想到这一点（不是没想到你会被当面绝交，而是没想到对方竟然会选择绝交），你就得好好审视下自己了。在这段友谊中，对方都这么不开心或者不满足了，你怎么会毫不知情呢？在这种情况下，任何信息都不容忽视，因此，要是你还不曾多加留心，现在该开始了。

两种情况都很糟心。给自己一些用来伤心的时间，或者生气的时间，或者都给，最终你大概会明白这段友谊在你的人生中扮演的角色,也会更加了解自己。你需要增加界限吗?你需要留出更多的相处时间吗?你需要分享更多的事情吗?还是说你没有任何错,可她是个蠢货?给自己点儿时间,把所有事都理清楚。

认识桑娜（Sanna）这位朋友的时候，我二十一二岁，当时我们都在东村①的一个聚会上。她是瑞典人，而我来自挪威。

我们一拍即合，而且第一次见面时，在一个非常奇特的、根本的层面上说（具体是什么层面我也不清楚）她跟我截然相反，而我于她亦然。我俩完全是相辅相成。

在9·11事件发生以前，我们就相识大概四五年了。

那时我已经搬回了挪威，不过还是经常会去纽约。我到了纽约，与一位来自挪威的摄影师合作进行照片拍摄。我决定跟桑娜一起住在布鲁克林区，他则住在上城区的时代广场附近。

桑娜是绝对的女强人。她当时怀有大约7个月的身孕，要帮衬着男朋友，还要一手做饭，一手打电话处理工作。她总是忙得一刻也不停歇。9·11事件的那天早晨，我起得很早，准备去坚尼街开会。桑娜比我还早，已经起床出门了。我决定打车去开会。等到了布鲁克林大桥，车子忽然得掉头——但谁也不知道是为什么。

于是我改坐地铁，可地铁一直走走停停。车厢里逐渐有种幽闭恐怖的氛围。有人跑进了车厢，惊慌失措地讲述正在发生的事情。我想听清楚他们在说什么，但是

---

① 东村（East Village）为美国纽约市的一个社区。——译者注

没听清楚，不过显然是出大事了。终于，几分钟后，地铁彻底停了，就停在距离坚尼街几个街区的地方，离双子塔也相当近。出了地铁站，我抬头一看，感到一阵茫然。一切发生得太突然了。所有人都……陷入了一种状态。我不知道该怎么形容。那时，我只能想到一件事，只明白一件事，那就是我要找到我的朋友，而不是给我的父母打电话，跟他们报平安；也不是找到那位在纽约不认路的挪威摄影师。我只想找到我的朋友！

　　自然，所有人的手机都用不了了，而所有的公用电话旁边都至少有20个人在排队。后来，灰尘滚滚而来。我的耳边全是直升机的轰鸣声，仿佛身处于战区中央。

　　我终于排到了一部公用电话，却怎么也打不通。所有线路都是忙音。我明白自己必须到时代广场的酒店里去，这样就能给她打电话了。

　　于是我穿着高跟鞋，一路走到了时代广场。酒店不让我进去，因为我不是住客，但我找到了一部公用电话。我试着打电话给她，可还是打不通，最后我就给在挪威的母亲打了电话，成功取得了联系。我说："这是桑娜的号码，请给她打电话。一直打不要停，直到联系上她，告诉她这个地址，让她到这里来。"随后，我就瘫坐在了酒店门口，等待着……等待着。那天晚上10点钟左右，桑娜出现在了酒店门口。她是从她原本在的什么地方一路走过来的。我无法描述看到她时的那种感觉。我们拥抱在一起，哭了起来。她还没联系上自己的男朋友（她肚里孩子的父亲）和其他家庭成员。我们决定走到切尔西①，去她男朋友的母亲那儿建立一个大本营。

虽然我们不常沟通，自那之后也只见过几次面，但只要我们的人生遇上重大挑战——孩子生病，夫妻离婚——我们总会找对方帮忙，这几乎成了一种本能。每当我遇到这种事情，再次联系上她的时候，我的心中就会涌出无尽的喜悦。我太高兴了，因为我找到了桑娜。而她也找到了我。

汤杰·克里斯蒂安森（Tonje Kristiansen）

---

① 美国纽约市曼哈顿西侧的一个地区。——译者注

第十章

新的开始

你不能待在森林的角落里，等着别人来找你。有时候你要主动去找别人。

——A. A. 米恩（A. A. Milne），《小熊维尼》
（Winnie-the-Pooh）

1855 年，颇具开创性的天文学家玛丽亚·米切尔在自己的日记中写到了友谊：

> 我决定要拥有更加平衡的人际关系……将区区一人当成自己情感世界的重心，这太不明智了。相反，我们应该把感情分配给很多人，让他们各自满足我们的不同需求——一个人来启迪我们的智慧；另一个人让我们变得更加灵活、自信和快乐，流露出更多的幸福感，因为我们了解他；还有一个人会唤醒我们内心的热情与喜爱，让我们的心蓬勃生长，如同沐浴在夏日一般。

她的观点从多个角度引起了我的共鸣。处于一段合适的友谊之中时,刚开始的相处应该是很轻松的,但同时你也要制订一定的策略——积极填补朋友圈的空缺,从而拓展自我。在第八章中,我们探讨过关于友谊有一点很重要,即了解朋友在自己人生中扮演的不同角色。在这样做的过程中,你可能就会意识到,自己有一些待填补的空缺。米切尔日记中的这段话再次强调了结交新朋友的重要性。随着自身的发展,我们对友谊的需求也会随之变化。到了一定的时间,人生就会不断把我们推向他处,而我们要是想成长,就得找到能够满足不同需求的人。

有些友谊会持续一生,并且会伴你一同成长。然而,还有些友谊只适用于特定的框架。由于上了同一门课程,你与某人相处得很融洽,可一旦脱离了这个场景,你们的友谊便难以维系了。某人是个聚会开心果,你俩过去的关系很好,但随着年龄的增长,你不再是那个每周有 4 个晚上玩到凌晨 2 点的你了,这段友谊便转型失败了。这都没什么。不过这可能意味着,有时候你需要交一些新朋友。这些新朋友能够更好地反映你现阶段的生活。你刚刚生了孩子,渴望跟其他新手妈妈共处。你开始创业了,想要和别的企业家一起出去玩儿。你搬到了一个新的城市。你有了一份新的工作。你变得非常注重身体健康。如果你能看清你现阶段的生活以及自己在友谊中的需求,你就可以用正念的方式来选择新的友谊。

在本书的开头,我们探讨了密友对于身心健康的重要性。这是有科学依据的。甚至有科学家研究过密友的缺位。荷兰的社会学家杰拉德·莫伦霍斯特(Gerald Mollenhorst)指出,在结婚以及生子之后,人们都会失去很大一部分的亲密朋友。此外,更可怕的是,德国的研究人员在开展了 Meta 分析后得出结论,在过去的 35 年里,全世界的朋友圈都在逐渐缩小:与 2000 年至 2005 年参与研究的受试者相比,1980 年至 1985 年的受试者自述的朋友数量平均要多出 4 位。既然认识到了友谊对于个人健康的好处以及对于社会健康的好处,再加上惊人的职业倦怠率,我们就越发地需要行动起来,去扭转这种朋友变少的趋势了。

在思考自己结婚以及生子后失去的朋友数量时,我想起了著名的婚恋心理治疗师兼播客节目主持人埃丝特·佩瑞尔(Esther Perel)经常谈到的一种现象:"现如今,我们会指望一个人,即我们的伴侣,能够替代过去一整个村庄的作用——给我们带来一种踏实的、有意义的、稳定延续的感觉。"朋友圈的缩小不仅可能对我们造成生理和心理上的伤害,而且还会给我们的恋爱关系增加压力,进而对其构成实际的威胁。假如你期望伴侣能满足你的所有需求,你就会感到失望。"现在,"佩瑞尔接着说道,"我在思考'村庄'的重要性:我是如何建立起我的'村庄'的,而你又该如何建立并维护你的'村庄'。请记住,人际关系的质量决定了我们生活的质量。"

对于很多人而言，这就意味着他们要从现在开始努力，去培育新老朋友的闪光点。

这就会带来一个问题：像我这样的人，会觉得开始一段新的友谊似乎超出了承受能力。其实，在我为本书进行采访的过程中，有好些女性都处于一种不交新朋友的状态，至少也是隐隐约约的感觉。相信我，我也有同感。我仔细地分析了自己为何会如此不情愿，发现很大一部分的原因是恐惧。一想到要展现自我，还必须得袒露自己美好的、邪恶的以及丑陋的想法，我就会觉得安于平庸可能也没那么糟糕。当然，我的好友列表上的所有朋友都已经足够优秀了。然而，当我想起自己最近加入了新手妈妈的世界（起初我是坚决不愿意加入的），我才意识到自己在那里建立了一些最为难忘的友谊。这些新朋友一方面让我释放了自己从未察觉的潜能，另一方面让我发现了我真正喜欢自己的哪些方面。

但具体该怎么做呢？首先，你必须弄清楚自己的友谊有什么空缺。在第七章的时候，你已经诊断了自己的友谊。你分析了自己有哪些类型的朋友，以及可能还缺少哪些。请记住，这并不代表每位朋友都要满足你的所有需求——要是你的朋友们在你的人生中扮演着不同角色，那也是相当正常的。如果你的人生发生了变化，这种时候就很适合去审视自己的好友列表，但就算没有什么大变动，你也有必要时不时地想想这事。

另一个要考虑的因素就是你的能力。你是否在工作、家庭和家族之间拼命奔波？若是这样的话，或许你只想巩固现有的友谊，保障自己与这些朋友相处的时间。可还有些时候，或许你可以多参与一些人际交往（并且少看一些真人秀节目）。想一想，你需要付出多少时间和精力。

6年前，我的新朋友埃米莉从法国搬到了美国，担任广告执行。起初，她以为这只是个短期的搬迁，于是便将一切的友谊精力都用来维护自己家乡的那些友谊。"离开朋友的时候，我心痛万分，不过我一直以为自己还会回去的，就根本没去结识新朋友，因为在我的心中，我是绝对不会留在这里的。"她花了大量时间跟法国的朋友打电话、发消息，担心距离会疏远彼此。然后她遇到了自己的丈夫斯宾塞（Spencer）。"后来斯宾塞成了我的至交好友。同时，我在想，'我有朋友了，我有朋友了！'不过，我并没有投入太多精力。现在，我才真正觉得自己需要结交新朋友，因为我逐渐意识到自己会在这里生活。"

除了意识到自己需要腾出时间和空间给洛杉矶这座新城市里的朋友之外，埃米莉还要处理好自己的复杂心情，因为老朋友们被替换掉了。"我不想放弃自己的朋友。我为他们付出的时间没有达到我的预期。我担心这些友谊会消失。"但友谊的运作方式不同于衣物交换。你的新朋友不必正好填补上其他朋友留下的空缺。假如你为新友谊而内疚，这种能量就可能会伴随着你。

对于我的朋友海琳·科诺-科恩来说,她的人生迫使她一次又一次地学习交友的艺术。在孩子们还小的时候,她和许多父母一样,喜欢结交自己孩子的朋友的父母。"显然,你通过自己的孩子结识了很多泛泛之交。要是运气好的话,你还能建立起几段神奇的、美好的长久友谊。多亏了我的女儿们,我做到了!"

随着孩子们长大离家,她发觉自己的人际关系开启了新的篇章。"我成了空巢父母,交友似乎成了一场截然不同的球赛,因为你的孩子不再是你的入场券了!"在此期间,她和自己的丈夫也在频繁地搬家。"我常常发现自己到了一个陌生的新环境,一个人也不认识。我必须结交几位可爱的朋友,跟他们共度时光。这时,如果你遇到了某个人,想邀请对方进入自己的世界,一切就全凭你自己决定。相互之间的吸引力和相似性变得格外重要。"脱离了为人父母的日常责任,她分给友谊的时间就多了。她发觉,之前的人生经历让她更加清楚自己想要为哪类朋友腾出时间。"我想说,这很费力也很费时,你得愿意为新友谊投入时间和精力才行,否则就毫无意义。现在,我比以往任何时候都有意识地选择我的朋友。现在的关键在于我喜欢谁,我跟谁能合得来;而不在于更为实用的需求,就像那些同为妈妈的老朋友一样。"

谈到如何结交新朋友时,海琳说:"任何场合都可能是认识新朋友的绝佳环境。瑜伽课、公园、聊天和晚餐聚会都可以为新友谊创造机会，只要你愿意，并且觉得自己跟对方有缘分。"

本书创作于一个特别难结交新朋友的时期，罪魁祸首便是新冠肺炎疫情。许许多多的人被困家中，顶多能跟自己现有的朋友视频聊天，一起喝喝鸡尾酒，其他什么也做不了，更别提结交新朋友了。但正如我之前所说，有些人因此有了大量的时间来思考自己想要怎样的未来。在居家隔离期间，企业家兼生活类网络红人克里斯尔·林意识到，自己可能该转变工作狂的风格了。"我总能找到最荒唐的借口来拒绝朋友的邀请。我会拿自己的孩子挡枪，比如，'哦，她生病了，我去不了了！'在这段时间里，我意识到自己不能总是这样。"由于困在家中，她明白了友谊能够给自己的人生带来价值。"所以，等这件事结束以后，我认为自己应该更加积极地建立友谊，并且会付诸实践——去接触我的直系亲属和唯一的至交好友以外的人。"

在结交新朋友的过程中，觉得有难度或是感到事倍功半都是很正常的。不过，看完所有研究之后，我认为其利远大于弊。可是到底该怎么做呢？在研究这个问题的时候，我偶然间发现了心理学家玛丽莎·弗兰科（Marisa Franco）在"心理"网（Psyche.com）上发表的一篇大作。她总结出了4个相对简单的步骤。

假设对方喜欢你。各种回避行为的原因在于害怕被拒绝，这不难理解……如果你带着积极的心态进入社交场合，假设对方喜欢你，这种假设就更有可能成真。

主动出击。要想理解主动出击的重要性，你就得抛弃"友谊会自然发生"的幻想。你必须负起责任，不能被动地等待。光是参与可不行，到了之后你还得主动打招呼。

持续参与。要想交朋友，你就得不断参与某个活动，持续几个月才行。假如你参加了一次，觉得不自在，就再也不去了，那么你就低估了自己。如果坚持下去，你就会觉得更自在，也会更加了解对方，而且随着时间的推移，他们也会更加喜欢你，原因之一要归功于纯粹接触效应（接触得越多，就越喜欢对方）。

展现脆弱。我喜欢把泛泛之交看作是你认识的人，而朋友是你熟识的人。要想结识真正的朋友，你就得说出你自己的故事，并且向对方提问，这样他们也就会说出自己的故事。你不必把那些跟心理治疗师说的话都讲出来，但除了那些最深最黑暗的秘密，你还有许多可说的内容。

这些步骤反映出一种积极的态度。相信自己！试一试！多试几次！一切都会好起来的。把交友当作一场有趣的冒险，它也确实是这样的。因此，在弄清自己的人生有哪些空缺之后，你就可以开始有计划地填补它们了。

如何结交怀旧型朋友

你无法让时光倒流，也就不可能再建立一段从你8岁那年持续至今的友谊。但如果你特别想拥有一段与自己人生中某个时期有关的友谊，这个愿望还是可以实现的。有了社交媒体之后，找旧相识这件事就变得相对容易了。你要想清楚自己找什么样的人。有没有哪位同学理解了你的奇怪笑点？在你的田径队里，有没有人激起过你的竞争欲？你刚刚工作的时候，有没有人启迪了你的智慧？这个人是否知道一些关于你的事情，而你希望保留这些回忆？有没有这样一个时期，当时的你更疯狂、更坚定、更具创造力？如果你的人生中出现了一位拥有共同记忆的人，那么这能否帮助你重现这段时光？

还记得我对那段湖畔成长时光的喜爱之情吗？大约6个月以前，美国的局势逐渐变得疯狂，我内心的焦虑也愈演愈烈，无法抑制。一天，当我像往常一样浏览照片墙软件时，我收到了利维（Levy）这位温尼伯市老友的好友申请，这完全是运气使然（也可能是宇宙回应了我的呼唤）。我的心中瞬间充满了喜悦，便通过了她的好友申请。在接下来的15分钟里，我津津有味地浏览了利维发布的所有照片，大部分的场景都在伍兹湖畔那个令人怀念的欺骗湾。我简直欣喜若狂。我本可以就此打住，或是继续默默地关注。可是，这是发自内心的反应，我明白了自己需要填补这个空缺，或许我只是想念加拿大了，或许我想念加拿大人了，又或许我格外想念利维宝贝了。但无论如何，我明白了自己需要这位朋友。我直接联系了她，然后我们就一直聊个不停。在此之前，我并不知道自己有这种需求，而且，假如我没有转变自己对于友谊的心态，或是不清楚对自己来说什么才是真正重要的，我就会轻易地错过建立友谊的机会。

如何结交滋养型朋友

对于朋友队伍里的那个空位，如果你想找一位滋养型朋友补上，你就得先找到自己柔软的那一面。倘若一段友谊中充满了挖苦的言论和嘲讽的玩笑（并不是说这两种做法有什么错），那么关爱与脆弱就会被掩盖。有时候，我们会觉得只有老朋友才有可能成为体贴的滋养型朋友。这种想法或许是对的——要是你和他们相识多年，他们就会对你产生很深的感情。这种朋友是愿意为你赴汤蹈火的。其实，患难的时刻也会以一种意外的方式让你看清旁人的真面目。

还记得第一章中的琳兹·沙尔夫吗？由于女儿被诊断出了重病，她变得比以往任何时候都更需要朋友的帮助。"人家常说:'好吧,但他们会送你到机场吗?'这仿佛成了友谊的晴雨表。对我而言,应该这么说:'好吧,但他们会为了你赶到医院来吗?'"见到来者的时候,她大吃了一惊。"我弟弟真的伸出了援手。他的挺身而出让我很意外。我不再单纯地把他当作弟弟了。他是我的朋友。"

如何结交创意型朋友

创意型的人好就好在,他们几乎随处可见。又因为创意型的人充满了活力,并且大多闪闪发光,所以他们也很显眼。

工作场所大概是最容易结交到创意型朋友的地方了。与同事擦出了友谊的火花之后,你自然就会跟着这种感觉走了。约她出去吃午饭,或者休息一下,一起散个步。在工作中寻找更多的合作方法。别忘了在会议上夸赞她的想法,并且请她针对你的工作提提意见。

创意型朋友也可能结识于不经意之间——在晚餐聚会上,在遛狗的公园里,在托儿所接孩子的时候。当你遇到了一个人,跟对方擦出了火花之后,行动起来或许才是最难的一步。最近,我参加了玛丽亚·梅努诺斯的节目——《一起变更好》(Better Together),我俩非常投缘。但这是媒体访谈,谁知道是不是真的投缘呢。我是说,友善待人可是主持人的职责所在!不过后来她告诉我:"过去这几年,每当我遇到像你这样的人,并且与对方产生共鸣的时候,我就会付出很大的努力。我心想:哇,我们的想法一致,她很聪明,她跟我志同道合——我得空出时间来了解这个人。我也一直是这么做的。当时我在想的是,'我想跟她交朋友!'"果然,没过几天,我们就一起吃了早午餐,一刻不停地聊了两个小时。

梅努诺斯接着说道:"随着年龄的增长,结交新朋友会变得有点儿尴尬,但我知道,朋友对个人的成长非常重要。我一直在结识自己敬佩的人,努力培养真正美好的友谊,这种感觉棒极了。你们一起成长和学习,也一起欢乐。"

如何结交导师型朋友

这是一种最容易培养的友谊。在导师型朋友这里,你想要的不是非常长久的相处,而是在共处的时候,你们往往有明确的目标。你们讨论新项目,你们分析各种选择,你们尝试新点子。首先,想想自己人生的哪些方面需要导师型朋友。在婚姻中,你是否需要别人给你指点迷津呢?在工作上呢?在育儿方面呢?全部都要吗?

然后,找到你的导师型朋友。也许你的人生中已经有了一个令你敬佩的人,那么你就可以把精力集中在这个人身上。假如你还没有这样的朋友,也不要灰心。把目光放远一些。谁的能力比你领先10年(不管是什么能力),似乎还擅长启发他人？好好地调查一番（即使这么做让你觉得怪怪的）。

如果你的孩子刚上幼儿园，你可以去操场上观察大孩子们的妈妈，找找那种看上去游刃有余的妈妈。她们要么就是全职妈妈，要么是家长理事会的积极成员。这不是为了评判他人，而是为了建立一段能够指引你的友谊。

如果你想找一位更专业的导师型朋友，那你就得尽可能多地了解她的工作。读她写的文章，看她的 TED 演讲视频，去领英（LinkedIn）关注她。联系她的时候，别光想着请人家帮忙，要先提供些有用的信息。给她发电子邮件的时候，你可以附上一篇自认为合她胃口的文章。别忘了告诉她，你看过或听说了她的最新成果。不要太心急——没必要去问她是否愿意当你的导师型朋友。你可以问她是否愿意一起喝杯咖啡，短暂地聊一件具体的事情。如果你们互相比较投缘，就再约一次咖啡。然后循环往复。导师型友谊的诀窍在于，不能只让一方付出。要记得回报对方，问问她有哪方面是自己能帮得上忙的。

在我朋友安妮的人生中，有个人在多年之后才成了她的导师型朋友。

多年以前，克里斯蒂娜（Christina）是我的上司。说实话，那时候我觉得她从来没有真正帮过我，我也很不好受。但不知为何，自从我们不再共事之后，情况就有了转变。她的个人和职业能力有了很大的提升。我俩其实也坦诚地聊过一回，讨论了她这位上司过去是怎样对待我的。我觉得自己也变自信了，敢去找她帮忙了。现在，我们每年大概会约两次午饭，而我一定会带着各种问题和想法去，请她提提意见。她则会说出自己的想法。有一次，在我准备参加一场面试时，我对她说："我只是去看看情况的。"她说："不行。这么做是不对的。你要去征服全场。你随时可以拒绝这份工作，但你得先把它赢到手。"经她提醒，我想起自己具备了各项技能和经验，非常适合这份工作。她说得一点儿没错。要是在更早些的时候，我可能会怀有戒心，但是现在，我无比期待她的指导。

如何结交关键的朋友

在你的人生中，如果关键的朋友仍是空缺，你或许就应该先考虑现有的朋友。你的好友没成为至交好友，其中有什么原因吗？你能否付出时间和精力来提升一两段友谊，使其到达顶点？还是说，你的停滞不前是有原因的？要想让新朋友成为关键的朋友，你得有耐心才行。还记得罗宾·邓巴教过我们什么吗？我们要花 200 个小时才能与一个人成为亲密的朋友，而且，前提是我们将这 200 个小时用于真正的沟通上，只是到场的话可不行。

不过，友谊版的一见钟情是绝对有可能发生的。如果这段友谊刚刚建立，双方便热情高涨，那么你就可以说出自己的感受。梅努诺斯又贡献了一个例子："在我的播客节目上，加比·伯恩斯坦（Gabby Bernstein）就对我做了这样的事情。"当时，梅努诺斯正在采访这位作家兼励志演说家，一切都很顺利。"然后她说：'我爱你，我们会成为至交好友！'我说：'哦，我的天哪，我也爱你！'"

当然，你还是得用时间来检验初次见面的火花能否发展为长久的关系，但这是一个激动人心的开端！

如何结交跟自己相似的朋友

这种朋友可能跟你有诸多相似之处。假如你是个文艺的素食主义者，会去动物收容所做志愿者，那么你不太可能喜欢上一位爱吃牛排的银行职员。只做自己喜欢的事情，会导致你的身边全都是兴趣和价值观与你相同的人。但如果你想结识新朋友，你就得出去走走，行动起来。生活很容易陷入死循环——我们去上班，我们回到家，我们瘫在屏幕前。你必须打破这种循环，为自己的人生增添新的朋友——报一个班，做志愿者，接受聚会邀请。

还有些时候，你之所以会需要一位跟自己有特定相似点的朋友，是因为你的人生发生了某种变化，或是进入了某个新阶段。还记得第五章中的米歇尔·肯尼迪吗？正因如此，她才开发了"花生"这款为母亲们设计的交友软件。有了孩子以后，认识别的母亲就成了刻不容缓的大事。当母亲实在是太难了，必须得有那些有相同遭遇的女性的帮助才行。这也就意味着，这一类友谊会迅速升温。

你可以使用"花生"等女性交友软件，根据自己的兴趣和位置来寻找新朋友。如果不喜欢这么做，那么你就得找到能为现阶段的自己提供帮助的圈子。你可以去宗教场所，上一门课，或者加入某个行业协会。

到了那里之后，你要眼观六路，耳听八方，找找有趣的陌生人，然后待人友善点儿，说些赞美的话。大家都喜欢被人喜欢的感觉，因此，这样的表现可以提升你交到新朋友的概率。

如何结交与自己不同的朋友

这种情况显然更为棘手。还可能会有点儿刻意为之，甚至是有某种癖好的感觉。我这么说，绝对不是要你去找位朋友装装样子，好显得自己很酷或者很前卫。我真正想表达的是，你得愿意走出自己的回声室。你不必跟那些价值观令你反感的人一起玩；不过，你可以扩大自己的交际圈，把那些经历与你不同的人囊括进来。你认识在其他国家长大的人吗？你认识决定不生孩子的人吗？你认识不去念大学而去环游世界的人吗？明白我的意思了吧。

这种友谊往往可以通过共同的朋友来建立。比如说，我的朋友桑尼·哈瑟尔布林经常提到的一位朋友是全职妈妈，那么我可以约她们两位一起喝咖啡。虽然她做出的选择与我不同，但是通过了解像她这样的人，我会受益匪浅。你还可以去做志愿者或者报一个班，让自己接触新的环境，这么做也可以结识自己平常接触不到的人。

我该怎么做？

写出你在第七章练习中找到的友谊漏洞。

计划一下，你该如何结交这一类人。写下最有可能遇到这类人的地点和时间。做些安排。

❋ 告诉大家你缺朋友，说不准哪个人就有位非常适合你的朋友。

出去玩玩！刷剧是不可能让你认识新朋友的。

结　语

对友谊进行了8个月的研究与写作之后，我只想找个荒岛独自住上一阵子。开玩笑啦！不过，我很意外自己有过这么多次疲惫的感觉。我发现了许多被我视为理所当然的事物，或是我根本就没意识到的事物。跟人生中的其他事物一样，只要你停下来梳理一番，就常常会察觉到很多未曾发现的或者被忽略的事物。但由于友谊的关系性，对于友谊的盘点会变得格外复杂。假如你停下来盘点自己的健康状况——你吃了什么食物或者做了什么运动，这是个线性的单向过程。假如你停下来盘点自己的教育经历或工作经历，这也是线性的——你与自己的工作或学习之间存在某种关系。这些例子都是关于你与非生命体的，关于你找到或未能找到做某件事情的节奏和运行轨道过程。然而，假如你去盘点友谊，梳理自己现在的表现与经历，那就不是只有两个因素在起作用了，而是有无穷多的因素在起作用，因为你要考虑到不同的性格特点、不同的理解方式以及各个友谊的不同情况。除此之外，其他人际关系具备明确的基准和期望，而这些友谊都不具备。上述所有因素叠加起来，就导致在很多情况下，我们不知道到底怎样才能处理好友谊。不过我要说句真心话，在这项工作结束之后，我感到了轻松、自由与焕然一新。这种感觉是我在很长、很长一段时间内都没有的。真正的友谊具有无与伦比的美与力量。

最让我惊讶的一点是个人需要付出极大的努力才能打造成功的友谊。出人意料的是，友谊主要不是两个人的事。换言之，大量的前期工作都是关于自己的——弄清楚自己是谁，自己真正想要和需要什么，以及自己该怎样满足这些愿望和需求——感觉全都过于关注自己、自己、自己！但你想一想，倘若双方都在自己身上下功夫，真正重视起坦诚与沟通，这段友谊就会达到完美的平衡。这段友谊会满足双方的需求，达到精神上最高度的契合。如果你在自己身上下了功夫，并且期望对方也这么做，这段友谊就不会背负矛盾或怨恨的重担，而是会茁壮成长。

当我把本书的计划告诉前文中提到的那些朋友时，我初次觉醒了对自己友谊的认识，这其实没什么可意外的。她们的反应各不相同——很好地反映了她们的真实想法。我以为有些朋友根本不感兴趣，可她们却想表达自己的看法，这让我很惊喜；我以为另一些朋友会更加投入，可她们的表现却让我很失望；还有些朋友的表现完全符合我的预期，这让我很欣慰。我与朋友们谈了很多次，她们指出了我犯过的错，光是（出于创作目的）被录过音的就有好几次：杰特·米勒诉说了她的创伤经历，以及我的表现如何激发了她的创伤心理；米哈尔·斯蒂尔告诉我，我搞砸过彼此之间的一场谈话；在与苏菲发生冲突的时候，我又表现得过于冷漠……数不胜数。往轻了说，这些话会令人惭愧不已，对于一个自认为做得很好的人来说就更是如此了！但这些话也会给人以力量。如果对方愿意坦诚相待，你又创造了交流的平台，你就会真切地感受到友谊的力量在支持着你，这是一种非常美妙的感觉。这些谈话不仅会促进友谊的成长，也必然会促进我个人的成长。我必须得说出一种很有趣也很有助于宣泄情绪的做法，那就是根据对方的表现来分配自己的能量，而非根据双方的共同经历或习惯来分配，然后再去看这段友谊会如何发展。这种做法几乎跟玩通灵板[①]一样，就是说我开始真正关注自己的付出与收获的能量，而这段友谊就像那块塑料小乩板，似乎也自主地发生了变化。这样做纯粹是加强了友谊激起的那种神奇感觉。

[①] 与我国古代的"扶乩"类似。通灵板的主体为一块平板，标有26个字母，数字0至9，以及"是""否"等文字；另配有一块小的乩板，据说乩板会指向对应的文字，提问者可从中获取信息。——译者注

面对当今的世界,我们会发现不确定的事物太多了。随着社交媒体使用频率的增加,社交脱节或碎片化的趋势变得愈发明显。生活变得更加繁忙,于是我们把重要的联系推迟到下周,再下周。现在,由于新冠肺炎疫情的全球大流行,我们在现实中被分离开来,度过了超过一年的居家隔离期。当我推销本书创意的时候,我们还只是需要在友谊上努力一把;等到我交出完整初稿的时候,我认为我们除此之外已经别无选择了。我们要么可以开始创造意义,选择为了共情、联系与人生的完整性而努力;要么也可以继续沉迷于电子设备,直到我们彻底耗尽自己。非要说的话,这段艰苦的居家隔离期有一个好处,那就是它引起了我们的注意。在现实中,我们被迫与自己所爱之人分离,可我们会利用好这段时期吗,还是又若无其事地回归工作了呢?

这就意味着要适应短期的不适。这也意味着要通过处理我们脆弱的一面来积聚力量。而这也很难,因为如今大多数的榜样人物,无论是政治榜样还是媒体榜样,都在提倡"不计代价获取力量"的态度。这还意味着要做善良的人,善待自己和他人。此刻,如果揭开伤疤和全面分析对你来说还是太过了,那么我建议你尊重自己的现状,从而善待自己,并且迈出第一步,用一种意料之外的方式向朋友展示善意就可以。突然寄一张明信片,夸夸对方,写一封信,回忆你们共同怀念的时刻;写一篇日记,记录友谊中某个被你视如珍宝的时刻；想个办法，向对方表达你的爱意；做好该做的准备工作，开启与自己以及与他人的对话。

  如果你看完了本书，那么我得感谢你付出的时间和精力，我的 A 型性格也对你的好学之心充满了爱和感激。不过，现在你应该扔掉自己的毕业帽，走出空想，走进现实，为一群具有独特能力的人做出选择、改变与承诺。这些人能够让难以忍受的生活变得尚可忍受，让平淡的生活变得美好，让美好的生活变得精彩——这些人就是你的朋友。

致　谢

本书之所以能够写成，是因为我从女性朋友们那里获得了经验、教训与爱——你们知道我说的是谁！

感谢我的家人，你们无条件支持与包容着我，无论发生了什么……我也把你们视作至交好友。

感谢所有参与本书的出色女性，你们分享了自己的深刻见解与个人故事，我想对你们致以极大的感谢。

感谢我在石之歌（Stonesong）①的经纪人莱拉·坎波利（Leila Campoli）——为了把本书做到极致，你承担了职责范围以外的工作——十分感谢你对细节的关注以及你的辛勤劳动。

感谢我的编辑戴安娜·文蒂米利亚（Diana Ventimiglia），你捍卫了我的作品，不是一次，而是两次——你要么是个天

---

① 一家位于美国的文学代理机构。——译者注

才,要么就是个傻瓜——非常感谢你!

最后但也同样重要的是,感谢乔斯琳,你依然是衡量真正友谊的标准,虽然你已经离开了,但你永远不会被忘记。